スペイン語とともに考える
英語のラテン語彙の世界

開拓社
言語・文化選書
36

スペイン語とともに考える
英語のラテン語彙の世界

山中和樹 著

開拓社

は じ め に

　いまどき，英語ぐらいできないと国際人になれないとかで，小学校から英語教育を始めている。筆者の時代は中学からで，小学校6年生ともなると，英語塾に行っている同級生がうらやましかった。

　小学校の英語教育は会話中心のようで，楽しい授業が望まれている。英語の音声に触れるのは大切なことであり，その意義はなんら否定するものではない。

　これまでの日本の英語教育は，読み書きが中心で，明治時代の書生英語に起源を持っているかのような印象である。筆者の時代も大学受験のために，ひたすら読解に励んだものだ。英作文や文法もあったが，比重はやはり読解に置かれていた。大学に入ってから原書を読むことが要求されていた時代であったので，読解中心の英語教育にもそれなりの理由があったのである。

　近年，英語を何年も勉強しているのに英語が話せないという批判から，教科書も会話表現が中心になってきているようだ。コミュニケーションは会話からということで，それももっともなことである。

　ただし，会話中心では，日常会話程度のことはできても，その先の高度な内容は話せない。高度な内容を話すためには，どうしても読書が欠かせない。英語の読書，つまり読解が必要になってくるのである。

　会話だけなら，旧英米の植民地である，フィリピンやその他の

国の人間なら，あまり教養がなくても，一応の会話はできる。ただし，高度な内容は話せないし，書かせたら間違いだらけということはよくある。この程度の英語は servant English という。三島由紀夫などは流暢な英語ではなかったらしい。しかしながら，内容があった。どちらが尊敬されるかは言うまでもないだろう。

　英語はゲルマン系の言語（ドイツ語やオランダ語など）にラテン系の語彙（ラテン語やフランス語など）が加わってできた混成言語である。日常用語はゲルマン系の語彙が中心であるが，学術用語はほとんどラテン系の語彙が中心になっている。

　このあたりは日本語も同様の事情である。日本語本来の大和言葉が基層にあり，漢字の伝来とともに漢語の語彙が大幅に増えた。日本語が英語と違うのは，日本では，その後，ヨーロッパとの接触によって，最初はポルトガル語とスペイン語が，続いてオランダ語が，開国してからは英語，フランス語，ドイツ語，イタリア語などからの外来語が流入し，現在は英語由来の外来語が氾濫していることである。

　それはともかく，本来のアングロサクソン系の語彙だけでは，とても学術論文など書けない。日常会話では get や take などが含まれる熟語が使いこなせれば，英語が流暢に聞こえるだろう。また，会話では基本語彙を使ったほうが，理解しやすいし，親しみやすいので，そのほうがおすすめである。しかしながら，学術会議や論文ではラテン語由来の難解な語彙が好まれるのである。

　ひとつ例を挙げてみる。

　「延期する」という語はゲルマン系の語彙では put off だが，ラテン系の語彙では postpone となる。put off の put も off も基本語彙である。それに対して，postpone は基本語彙とは言いがた

い。

　postpone は post と pone に分解でき，post は「後ろ，あと」の意味で，これは日本語でも「ポストだれだれ」というふうに使われている。pone は「置く」の意味で，put と同様の意味である。put off は「(時間的に)離して置く」のことだが，予定されていることを「過去に置く」ことはタイムマシンでも使わない限り，不可能である。「未来に[後ほど]置く」しかない。

　というわけで，put off も postpone も全く同じことであるのだが，印象が全然，違う。ラテン系の語彙のほうがしかつめらしく聞こえるのである。

　日本語でも大和言葉のほうが柔らかく，親しみやすいのに対して，漢語は硬い印象がある。「くに」と「国家」の違いがいい例である。しかし，いくら親しみやすいからといって，「くに」が使えない場合もある。「近代国家」とは言えても，「近代くに」とは言えない。英語でも nationalism とは言えても，countrism などとは言えない。

　さて，英語の語彙力アップにはラテン語を勉強するのが一番いいのだろうが，実際問題として，現在ラテン語が公用語として使われているのはバチカンだけである。生物の学名はラテン語だから，生物学者にはラテン語が役に立つのだが，それ以外の一般人にはラテン語はなじみが薄い。Ipsum「本来の，自分自身」やEsse「存在性」というラテン語の名前の車があったが，たいていの人は車の名前の意味は気にもしていないのではないだろうか。

　ちなみに，Esse はドイツ語では「食べる」の意の動詞 essen の直説法現在 1 人称単数活用形。「私は食べる」の意味で，生活情報誌の名前になっている。車が「食べる，食う」のはガソリンな

どの燃料なので，低燃費が売りの軽自動車の名前としてはいただけない。ドイツ語では，このほかに「煙突，シルクハット，鍛冶場」の意味もあるが，筆者としてはやはり，車の名前の由来としてはラテン語の「存在性」が一番ぴったりしていると思う。ラテン語の esse は英語では "to be" に相当し，essence の語源にもなっている。

　実用面から考えると，ラテン語の末裔の言語を習うのがいい。フランス語，イタリア語，ポルトガル語，ルーマニア語などと並んで，スペイン語も末裔のひとつである。

　幕末から明治にかけて，フランスの影響も大きかった。陸軍は当初はフランスをモデルにしていた（普仏戦争でプロシアが勝利してからは，ドイツ陸軍に乗り換えたが）。芸術は言わずもがなである。

　明治以降，外国語学習は英語，フランス語，ドイツ語が主体であった。このほかにロシアやソ連との関係でロシア語も学ばれるようになった。中国語は隣の国ということで，需要はあった。

　筆者の出身大学の第 2 外国語は独，仏，露，中の 4 つであった。現在に至るも，スペイン語を第 2 外国語に加えている大学は，だいぶ増えたとは思うが，まだまだ少ないようだ。

　大学も経営が厳しくなり，また，ドイツ語やフランス語の先生の既得権の問題もあるようで，スペイン語を第 2 外国語に新たに加えるのはなかなか難しそうだ。

　というわけで，筆者の場合，英語のラテン語由来の語彙の習得に寄与したのは，まずフランス語であった。フランス語もそれなりにまじめに勉強したのだが，どうにも好きになれなかった。理由はいくつかある。

1. あの蓄膿症のような発音が気持ち悪かった。きれいでいいというのが大方の印象のようだが。「オ」と「エ」の間のような変な母音が気持ち悪い。r の発音が変。英語の巻き舌音でもない。むしろ [g] に近い感じである。
2. 数の数え方が変態的(?)。69 までは普通だが，70 は sixty-ten のような言い方になる。79 は sixty-nineteen。80 は four twenties。99 は four twenties nineteen。これでは計算できない。
3. 読まない字が多い。語尾の子音字は飾りのようなもの。たとえば，車の「ルノー」は Renauld と書く。「鳥」をあらわす言葉は「ワゾ」と発音するが，oiseau とつづる。動詞の活用語尾の s, x, t, ent は読まない。慣れれば読めるが，教養のない人は書けないだろう。極めつけは「8月」。Août と書いて，発音は「ウー」。英語の August と語源は同じなのだが。
4. 部分冠詞というわけのわからないものがある。「パンを食べる」は英語では eat bread でよいが，フランス語では "eat of the bread" のような言い方をしなければならない。of the の部分が部分冠詞というのだが，of はどう見ても前置詞ではないか。

その後，スペイン語を第 3 外国語で取ったわけだが，すっきりした。理由は次のとおり。

1. 発音が易しい。母音は日本語と同じく，5 つ（細かい違いはあるらしいが）。r の発音もまとも。日本語と同じ「弾き音」。b と v はどちらも [b] で発音される。rr が難しい

といわれるが，数日練習したら，できた。
2. 数の数え方がまとも。英語と同様。
3. 読まない字は h だけ。
4. 部分冠詞という変てこなものから解放された。
5. 動詞の活用形もフランス語より規則的な印象がある（特に接続法過去）。スペイン語は直説法点過去の活用形から簡単に接続法過去の活用形が作れる。例外は一切なし。もちろん，不規則動詞はあるのだが，その中にも規則性がある。
6. 男性名詞と女性名詞の区別がつけやすい。ヨーロッパの言語では，英語を除いて，名詞は男性名詞と女性名詞に分類される。ロシア語やドイツ語には中性名詞まである。スペイン語の場合は，語尾で区別がつけやすい。o で終わっていれば，だいたい男性名詞。a で終われば女性名詞である。

イタリア語は 4 を除いて，だいたいスペイン語と同じで，日本人には覚えやすい言語である。ただ，イタリア語が公用語になっている国はイタリアのほかにバチカンとスイスがあるぐらいであるのに対して，スペイン語はブラジルを除くラテンアメリカで公用語になっている。さらに，アメリカではヒスパニック系が黒人系を抜いてマイノリティーでは最大のグループになった。ニューヨークやロサンゼルスなどの大都会では，英語ができなくても生活できる。

カリフォルニアやテキサスなどはもとはメキシコ領だったので，地名にはスペイン語がそのまま使われている（ただし，発音は

英語ふうになっているが)。

　かつてアメリカの外国語教育といえば，フランス語やドイツ語が主体であったのが，現在ではスペイン語がダントツである。メジャーリーグの選手にもロドリゲス，ガルシア，マルティネスなどの中南米出身の選手が多く見られる。また，ブッシュ前大統領もヒスパニック系住民を相手にしたスピーチはスペイン語で行っていた。

　というわけで，実用面から考えてもスペイン語を習って損はない。スペイン語がわかるとイタリア語もかなりわかる。ポルトガル語もある程度わかる。フランス語はなかなか聞いてわからないが，書かれているものなら，結構わかる。ヨーロッパ人が6か国語ぐらいできるというのを聞いてもびっくりしてはいけない。標準語，関西弁，東北弁，九州弁のほかに英語ができるようなものなのである。なお，「スペイン」は漢字では「西班牙」とも書くが，本書では，スペイン語の略語として「西」を用いた。

　最後に，本書の中のスペイン語の文例は，主にコスタリカで話されている用法に基づくものであり，スペインその他の地域での用法と異なるかもしれないことを付言しておく。

　2013年1月

　　　　　　　　　　　　　　　　　　　　　　　　山中　和樹

アルファベットの読み方

英語とは少々違う。**太字**の部分が要注意。

a 常に「ア」。[a]。

b 英語と同じ [b]。語中では破裂音ではなく，摩擦音になり，発音記号では [β] と表記されるが，あまり気にする必要はない。

c a, o, u の前では [k]，i, e の前では英語の無声の th の [θ]（中南米では [s]）。

ch 「チャ」行。[tʃ]。

d 語頭では [d]，語中では英語の有声の th [ð] で発音されることが多い。**語尾では [ð] と発音する直前で止める。**[ð̞] で表される。

e 常に「エ」。日本語の「エ」とだいたい同じ。[e]。

f 英語と同じ [f]。

g a, o, u の前では [g]。ただし，語中では破裂音ではなく，摩擦音になり，[ɣ] と発音記号では表記されるが，あまり気にすることはない。**i, e の前では強い「ハ」行音**。発音記号では [x]。中南米では日本語と同じような [h]。

h **発音しない**。歴史的な経緯で h のつづりが残っている場合もある。

i 常に「イ」。[i]。

j **強い「ハ」行音**。発音記号では [x]。中南米では日本語と同じような [h]。

k	[k]。外来語にしかでてこない。
l	[l]。
ll	「**リャ**」**行音。発音記号は** [ʎ]。「ヤ」行になったり，「ジャ」行になったりする。
m	[m]。
n	[n]。
ñ	ニャ，ニュ，ニョの子音を表す。ローマ字では ny。発音記号は [ɲ]。
o	常に「オ」。日本語の「オ」とだいたい同じ。[o]。
p	[p]。
q	単独では使わない。**qui**「**キ**」，**que**「**ケ**」のみ。「クウィ」や「クウェ」とは発音しない。「クウィ」は cui，「クウェ」は cue と表される。
r	日本語の「ラ」行音と同じ。舌先で上の歯茎を一度だけ弾く。発音記号は [r]。ただし，語頭では rr の音になる。
rr	舌先で上の歯茎を連続して弾く。「ルルルル」という感じ。発音記号は [r̄]。r の音の発音記号と微妙に違う。
s	[s]。
t	[t]。
u	常に「ウ」。日本語より英語の [u] に近い。
v	**b と同じ発音に。**
w	[w]。外来語にしか使わない。
x	スペインでは [s] だが，ラテンアメリカでは [ks] となることが多い。固有名詞では，「ハ」行音になることがある。語頭では [s] 音を表すこともある。 例：Don Quixote（ドン・キホーテ）

México（メヒコ）メキシコ。
Oaxaca（オアハカ）メキシコの地名。
Xalapa（ハラパ）メキシコの地名。ハラペーニョの原産地。
Xochimilco（ソチミルコ）メキシコの地名。

y 「ヤ」行音。発音記号は [j]。「ジャ」**行音になることも多い**。そもそも「ヤ」行も「ジャ」行も区別しない（できない）。**語尾の y は「イ」の音**。y 単独の語もあるが，この場合も発音は「イ」。意味は and である。

z スペインでは英語の無声の **th** の [θ]。**中南米では** [s]。**決して** [z] と濁ることはない。

（注：発音記号は『小学館西和中辞典』に準拠する）

目　　次

はしがき　*v*
アルファベットの読み方　*xii*

第1章　**数（Números）** …………………………………………… *1*

1. 0から10までの基数　*2*
2. 1から10までの序数　*10*
3. 11から19までの基数　*15*
4. 11から19までの序数　*18*
5. 20から90までの基数と序数　*19*
6. 100から900までの基数と序数　*21*
7. 1，10，100の段についてのまとめ　*22*
8. 1,000，1,000,000，1,000,000,000，1,000,000,000,000　*23*

第2章　**動詞（Verbos）** …………………………………………… *25*

1. nacer [naθér]（生まれる）　*27*
2. vivir [biβír]（生きる，生活する，住む）　*30*
3. crecer [kreθér]（成長する，育つ）　*32*
4. morir [morír]（死ぬ）　*32*
5. amar [amár]（愛する）　*34*
6. gustar [gustár]（好き）　*36*
7. odiar [oðjár]（憎む）　*38*
8. ir [ir]（行く）　*39*
9. venir [benír]（来る）　*40*
10. comer [komér]（食べる）　*42*
11. beber [beβér]（飲む）　*43*

xv

12. saber [saβér]（知る，分かる，できる，味がする） *44*
13. poder [poðér]（できる） *46*
14. caber [kaβér]（入る，ありうる，することができる） *48*
15. deber [deβér]（しなければならない，〜の義務がある，〜に違いない，借りがある，支払いの義務がある） *49*
16. haber [aβér]（ある） *51*
17. tener [tenér]（持つ，取る） *52*
18. poner [ponér]（置く） *55*
19. querer [kerér]（欲する，望む，愛する） *60*
20. hacer [aθér]（する，作る） *63*
21. decir [deθír]（言う） *66*
22. ver [ber]（見る） *69*
23. mirar [mirár]（じっと見る） *71*
24. dormir [dormír]（眠る） *72*
25. lavar [laβár]（洗う） *73*
26. laborar [laβorár]（働く） *75*
27. leer [leér]（読む） *76*
28. escribir [eskriβír]（書く） *77*
29. vender [bendér]（売る） *78*
30. vencer [benθér]（打ち破る，克服する，期限が来る） *80*
31. perder [perðér]（失う，負ける） *81*
32. comenzar [komenθár]（始める） *82*
33. correr [kor̄ér]（走る） *82*
34. creer [kreér]（思う，信じる） *84*
35. pender [pendér]（ぶら下がる） *85*
36. tender [tendér]（広げる，伸ばす，つるす，掛ける，差し出す，横たえる，〜の傾向がある） *87*
37. pedir [peðír]（求める，注文する） *89*
38. prender [prendér]（捕まえる，火をつけるなど） *90*
39. bailar [bailár]（踊る） *91*

第 3 章　形容詞（Adjetivos）ほか ……………………………… 93
　1．色　 94
　2．良し悪し　 96
　3．難・易　 100
　4．高・低　 101
　5．大・小　 102
　6．明・暗　 104
　7．味　 105
　8．遠・近　 109
　9．はやい・おそい　 110
　10．寒暑・冷熱　 111
　11．その他　 113

第 4 章　名詞（Sustantivos）ほか ……………………………… 117
　1．身体部位　 118
　2．4 元素（cuatro elementos）　 126
　3．動物（animales）関係　 129
　4．天体（cuerpos celestes）　 135
　5．時（tiempo）　 137
　6．鉱物（minerales）　 142
　7．その他もろもろ（misceláneos）　 147

あとがき ……………………………………………………………… 167

参考文献 ……………………………………………………………… 171

索　引 ………………………………………………………………… 173

第 1 章

数 (Números)

「数」はスペイン語では número という。number を省略して書くと，no. となるが，英語しか知らないと，なんで number にはない o が現れるのか分からない。スペイン語で考えるとすぐ分かる。スペイン語のもとになるラテン語でも「数」は numero で，no. は最初と最後の文字だけ表記して，まん中ぶち抜きの手抜き工事である。この número の形容詞形は numeroso で，英語では numerous になる。numeral という，英西同形の語もある。前者は「数が多い，多数の」という意味で，後者は「数詞」の意味である。

ちなみに，スペイン語の形容詞語尾の -oso は英語では -ous になる。famoso に対応する英語は famous である。

1. 0から10までの基数

それでは，まずは 0 から 10 まで紹介しよう。

	English	Español
0	zero	cero [θéro]
1	one	uno (una) [úno, úna]
2	two	dos [dos]
3	three	tres [tres]
4	four	cuatro [kwátro]
5	five	cinco [θíŋko]

6	six	seis [seis]
7	seven	siete [sjéte]
8	eight	ocho [ótʃo]
9	nine	nueve [nwéβe]
10	ten	diez [djeθ]

(1)　1 / uno

uno はトランプのページワン（page one）で有名である。1 だけには女性形があり，una。

uno から派生してできた語はたくさんある。

único [úniko]：「ただ 1 つの」英語の unique に対応する。

unir [unír]：「1 つにする，統一する」uno の動詞形で，英語では unite。過去分詞は unido。United States はスペイン語では Estados Unidos。

Estados Unidos は 2 つある。ひとつはアメリカ合衆国で，正式には Estados Unidos de América。もうひとつは Estados Unidos Mexicanos（メキシコ合衆国）。メキシコの硬貨にはちゃんとこう書かれている。

Estados Unidos だけなら普通は「アメリカ合衆国」を指す。メキシコでも同様である。americano はいわゆる「アメリカ人」ではなく，南北全体のアメリカ人の意味なので，いわゆる「アメリカ人」は北米人 norteamericano，または estadounidense という。estadosunidense ではない。北米にはカナダも含まれるのだが，カナダ人には canadiense という立派な名前がある。ち

なみに，メキシコも北米に含まれる。ならば，メキシコ人もnorteamericanoに含まれそうなものだが。中米はメキシコよりも南，パナマまで。コロンビアから南が南米である。

国連 United Nations は Naciones Unidas。

unidad [unidáð]：「ユニット，単位」unit。（発音記号で斜字体になっているものは，発音されない場合があることを示す）

uniforme [unifórme]：「一様な，制服」uniform。

unión [unjón]：「団結」union。

universo [uniβérso]：「uni（1つになって）＋ verso（回る）」で「宇宙」。universe。

universidad [uniβersiðáð]：「（学者と学生が）1つになって回るところ」が「大学」。university。

英語の one は，強調されない場合は，不定冠詞の an になり，さらに子音の前では n が落ちて a になった。日本では不定冠詞はまず a から習う。"This is a pen" が先で，"That is an orange" が後に出てくる。そのため，a が標準で an が変則のような印象を持つが，逆である。ヨーロッパの言語の不定冠詞にはだいたい n が付いている。

スペイン語では不定冠詞は un（男性形単数），una（女性形単数）となる。さらに複数形まである。男性形複数不定冠詞は unos，女性形は unas となる。なんで「1」が複数になるんだ！と最初は憤ったものだ。実は，これは英語の some に相当するようなもので，憤るほどのことではなかった。

第1章　数（Números）

不定冠詞の例を挙げておこう。

  un hombre　　一人の男　　una mujer　　一人の女
  unos hombres　何人かの男　unas mujeres　何人かの女

　スペイン語の複数形の作り方だが，英語同様，s をつければよい。ただし，子音字（y を含む）で終わる場合は es をつける。

(2)　2 / dos

　dos に関連した英語語彙には duo, duet がある（スペイン語ではそれぞれ，dúo, dueto）。dual（二元的）というのもある。duel（決闘）もやはり 2 人で行うものである。

　テニス用語の deuce は古フランス語で「2」を意味する"deus/deuz"（現代語 deux）に由来するそうである。

　アメリカの作家に Dos Passos という人がいるが，これはスペイン語の「2」とは関係ない。こちらはマデイラ諸島出身のポルトガル系で，Dos Passos をスペイン語にすれば，De los Pasos（英語では Of the Pass「道の」）になる。

(3)　3 / tres

　tres から連想する英語はまず，trio だろう。スペイン語では trío と表記する。このアクセント記号がないと，アクセントは o に移ってしまう。スペイン語のアクセント記号（tilde という）は単にアクセントの位置を示す飾りではなく，単語の一部になっている。最近ではアクセント記号を取って表記することになったとか。

　三部作は英語では trilogy という（スペイン語では trilogía

[triloxía])。海神 Neptune の三又の矛は trident という（スペイン語では tridente）。こんな名前の専門学校があったような。

　しかし，なんと言ってもキリスト教徒にとっては三位一体を表す Trinity が一番有名だろう。trinity と小文字で書くと，単なる「三つ揃い」という意味にしかならないが。スペイン語では Trinidad となり，人名にも用いられる。少々長いので，愛称は Trini となる。「天使のハンマー」"If I had a hammer" のトリニ・ロペス（Trini López）のファースト・ネームである。辞書を見ると Trinidad は女性名となっているが，この歌手は男性である。トリニダード・トバゴ（Trinidad y Tobago）というカリブ海の小さな国がある。国名はスペイン語だが，公用語は英語である。Tobago のほうは由来がはっきりしないが，tabaco に由来するという説もある。そうすると，「三位一体とタバコ」という変な国名になる。

(4)　4 / cuatro

　cuatro はイタリア語では quattro となる。スペイン語では qua は cua と書き換えられる。quarter や quartet（カルテット）などが「4」と関連する代表的な言葉である。

　女性ロッカーのスージー・クワトロは Suzi Quatro とつづるが，父親はイタリア系で，もとは Quattrocchi（クワトロッキ）という姓だった。長いので，その後，Quatro と短くしたらしい。イタリア語には quattrocchi という普通名詞があり，これは quattro + occhi の合成語で「4つの目」という意味である。怪物のようだが，そうではなく，単に「眼鏡をかけた人」の意味である。日本でも同様の言い方があったような。スペイン語でも同様で

cuatro ojos と言って，子供がメガネをかけた子をからかうときによく使っているが，こちらは姓にはなっていない。

　英語の接頭辞に「4，4つの部分を持つ」を言う意味の quadri- (母音の前では quadr-) というのがある。これは明らかに cuatro の変形である。quadri- がつく語はあまりにも多いので，いくつか紹介するにとどめる。

　quadrangle（西 cuadrángulo）：「quadr- + angle（角）」から。「四角形」，「(大学などの四方を建物に囲まれた) 中庭」。「四角形」の意味では，square のほうが一般的ではあるが。

　quadragenarian（西 cuadragenario）：「quadra- + generation」より。「40歳代(の人)」。

　Quadragesima（西 cuadragésima, cuaresma）：後述する「40番目」の意味のスペイン語 cuadragésima から。キリスト教の「四旬節」(40日間)。スペイン語では cuaresma のほうが一般的。これは復活祭（イースター，スペイン語では pascua）の主日である，イースター・サンデーに先立つ40日間のこと（ただし，日曜日を除く）。四旬節の初日は「灰の水曜日」(Ash Wednesday, 西 miércoles de ceniza)。40という数はキリスト教では特別な意味のある数字である。「40」については後述するが，四旬節はキリストの断食修行を記念するもので，本来，この間は娯楽や美食を避けていた。生活の必要に迫られていた側面もあるようだが。イスラム教のラマダン（断食月）との関連を思わせる。

　ちなみに，イースター島のことはスペイン語では Isla de Pascua という。

(5) 5 / cinco

cinco に関連する英語はまずは quintet だが，ci と qui が交代する例は後述する。スペイン語圏には Cinco という姓もある。

(6) 6 / seis

seis については，6 重奏団を表す sextet があるが，これは英語の six との関連で問題はない。むしろ，seis は semster と関連があるのである。スペイン語では semester は semestre となり，se と mestre に分解できる。この se は seis が短くなったもので，mestre は mes（月）を意味している。6 か月ということで，スペイン語では seis meses という。つまり，セメスターとは 1 年の半分の学期（半期）の意味で大学ではよく使われているが，正確には「6 か月」の意味である。

3 か月制であれば，trimestre，4 か月制なら，cuatrimestre となる。日本では 3 か月制や 4 か月制はあまり聞かないが，スペイン語圏にはある。

ちなみに，「週」を意味する語は semana というが，こちらの se は seis（6）ではなく，siete, séptimo（7）に由来する。

(7) 7 / siete

siete が入っている合成語となると，なかなか思いつかない。ラテン語の「7」は septem で，September がすぐ思い浮かぶ。もとは「7 月」だったのだが，July と August が入ってきたので，2 か月ずれたことは有名な話である。July は Julius Caesar（ユリゥス・カエサル，英語読みはジュリアス・シーザー），August は初代ローマ皇帝アウグストゥス（カエサルは大叔父に当たる）に由来すること

も有名である。スペイン語ではカエサルは Julio César（フリオ・セサール）という。アウグストゥスは Augusto。7月はスペイン語では julio, 8月は agosto となる。なお, 月の名前はスペイン語では大文字で始めなくてもよい。曜日も, 国の名前の形容詞形も同様である。

(8)　8 / ocho

　ocho は octo が変化した形である。octo だとすぐ octopus を連想するであろう。octo が「8」で pus が「足」の意味である（スペイン語では足は pie,「パイ」ではない）。

　「オイチョ株」の「オイチョ」の部分はスペイン語の ocho に発音が似ているが, これはポルトガル語の ointo（オイントゥ, スペイン語の ocho と同根）がなまったものらしい。

　前述のアウグストゥスだが, 皇帝（emperador）就任前は Octavianus と呼ばれていた。Octavius という別の名前もあるが, どちらも「8」に関係がある。後者は, もともと八男という意味で, いうなれば「八郎」。前者は「小八郎」といったところか。

　古代ローマ人の男の名前はあまり種類がなかったようで, 五男以下は「五郎」,「六郎」のような名前をつけていたとか。また, 女にはろくに名前がなかったらしい。ちなみに, カエサルの個人名はユリウスではない。ユリウスは家門名とやらで, 言ってみれば, 源氏一門や藤原一門に属するというようなものである。個人名はガイウスである。

(9)　9 / nueve

　nueve にもなると, もはや合成語は思いつかない。スペイン語

ではアクセントのある o は ue と変化する場合がある。90 や 900 は nove- という形になるが,また後で触れる。

(10) 10 / diez

diez は deci- という形で英語に入っている。デシリットルの「デシ」である。1 リットルは 10 デシリットルだが,日常生活ではミリリットルは聞いても,あまりデシリットルは聞かない。

2. 1 から 10 までの序数

次は 1 から 10 までの序数を紹介する。序数とは「～番目」を表す,first, second などの語である。

	基　数	序　数
1	uno (una)	primero [priméro]
2	dos	segundo [seɣúndo]
3	tres	tercero [terθéro]
4	cuatro	cuarto [kwárto]
5	cinco	quinto [kínto]
6	seis	sexto [séksto]
7	siete	séptimo (sétimo) [séptimo]
8	ocho	octavo [oktáβo]
9	nueve	noveno [noβéno]
10	diez	décimo [déθimo]

第1章 数 (Números) 11

　序数は具体的な人やものを指すことが多いので、女性形になることもある。oで終わる語の女性形は語尾をaに変えるだけでよい。単数男性形形容詞として使われる場合、primeroとterceroの語尾のoが脱落するので、要注意。

(1)　1 / primero

　さて、それでは、まずprimeroから。首相はスペイン語ではprimer ministroだが、英語ではprime ministerである。簡単にpremierということもある。

　ゴールデンアワーは和製英語だが、本来の英語ではprime timeという。「一番の（いい）時間」ということである。

　小学校はアメリカではelementary schoolというが、イギリスやオーストラリアなどではprimary schoolという。スペイン語ではescuela primaria。単にprimariaともいう。「最初に」行く学校ということである。初等教育（小学校教育）のことを英語ではprimary educationという。

　primeroの女性形であるprimeraは車の名前としても使われている。

(2)　2 / segundo

　次はsegundo。これは英語のsecondによく似ているので、すぐ覚えるだろう。英語のsecondには時間の「秒」という意味もあるが、スペイン語にもある。英語圏にはSecondという姓があるかどうか知らないが、スペイン語圏にはSegundoという姓がある。誰かの「2世」だったのだろうが、誰かが忘れられ、単に「2世」が姓になったのだろう。

英語には according to（〜によれば，〜に応じて，〜にしたがって）という前置詞句があるが，スペイン語では según という。according to「何か（だれか）を元にして，それに従う」という，いかにも「2番目」segundo の意味がある。

　さて，中等教育（日本では中学校と高校のレベル）は英語では secondary education という。中学・高校は英語では high school だが，スペイン語では secundaria ともいう。コスタリカの場合は，一般的には colegio [koléxjo]（コレヒオ）といっていた。語源は英語の college と同じだが，大学ではない。ちなみに profesor de colegio は「大学教授」ではなく，「中学[高校]教師」。

(3)　3 / tercero

　英語では，tercero に似た語はあまりなじみがないと思うが，高等教育（大学以上）のことは英語では tertiary education というのである。tertiary の原義は tercero と同じ，「第3の」という意味である。the Tertiary と大文字で書くと，地質学の「第三紀」の意味になる。「1人称」，「2人称」，「3人称」は，それぞれスペイン語で primera persona, segunda persona, tercera persona という。

(4)　4 / cuarto

　基数は cuatro で紛らわしい。こちらの序数のほうが英語の quarter に，より形が近い。cuarto には「部屋」という意味もある。部屋は普通，「四角形」だからか。「4番目の部屋」なら el cuarto cuarto となる。

(5) 5 / quinto

　基数の cinco のところで，quintet について触れた。「5」に関連する語は語頭が ci になったり，qui になったりする。もとのラテン語は ci と書いて「キ」と発音していた。キケロは Cicero とつづるが，英語では [sísərou] のように，c を [s] 音で発音している。ci, ce は英語でも，フランス語でも，スペイン語でも [ki], [ke] ではなくなっている。というわけで，[k] 音が残っている場合は，qui, que で，[θ]（中南米では [s]）に変わった場合は ci, ce とつづられる。

　quintet のほかには，quintessence という語がある。これは quinto + essence で第五元素のこと。古代西洋哲学では世界は4つの元素からなっている。earth, wind, fire と water である。これら4つだけでは何か足りないと考えられたらしく，この第5元素があってはじめて世界は完璧になる。第5元素とは，ものごとの「真髄」ということである。スペイン語では quintaesencia [kintaesénθja] という。

　ところで，古代ローマでは「五男」以下は「五郎」，「六郎」などの名前をつけるといったが，「五郎」は Quintus（クウィントゥス）で，スペイン語と語尾が少々違うだけである。ラテン語では qui の発音がスペイン語と違うので要注意。ラテン語の男性名詞の主格が -us で終わる単語はスペイン語ではだいたい -o になっている。quinto の女性形は quinta だが，ma- で始まる名詞が後に続かないことを願うばかりである。

(6) 6 / sexto

　こちらも基数の seis で触れたので，省略。「六郎」は Sextus。

(7)　7 / séptimo（sétimo）

　基数は siete で p が脱落しているが，序数のほうはつづりに p が残っているはいるが，あまり発音されないので，sétimo とつづられる場合もある。「9月」を表す septiembre も事情は同じで，setiembre とつづられる国もある。

　古代ローマの「七郎」は Septimus。

(8)　8 / octavo

　octopus については基数の ocho で触れた。スペイン語では「タコ」は pulpo という，全然別の語になっている。音楽用語の「オクターブ」は octava と女性形になる。1 オクターブは 8 音から成っているからである。

　古代ローマの「八郎」は Octavius であることはすでに述べた。「エイトマン」の「東八郎」はスペイン語では Octavio Este といったところか。有名な Octavio さんはメキシコの詩人 Octavio Paz。Paz は英語の peace。直訳は「平和八郎」だが，「平八郎」のほうがいかにも実在の人物らしくていいか。

(9)　9 / noveno

　これが入っている英単語は思いつかない。古代ローマの「九郎」は Novenus か。あまり聞かない。

(10)　10 / décimo

　décimo は基数の diez で「デシ」リットルに触れたが，このほかに「10」に関係する英語に decade という「10年間」を意味する単語がある（スペイン語では década）。

古代ローマの「十郎」は Decius（デキウス）。スペイン語にはこれに対応する名前はなさそうである。Décimo とか，Decio という名前は聞いたことがない。ということで，「月光仮面」の「祝十郎」は残念ながら，スペイン語にならないのであった。

3. 11 から 19 までの基数

さて，次は 11 から 19 までの基数を紹介しよう。序数については，事情により後で解説しよう。

	English	Español
11	eleven	once [ónθe]
12	twelve	doce [dóθe]
13	thirteen	trece [tréθe]
14	fourteen	catorce [katórθe]
15	fifteen	quince [kínθe]
16	sixteen	diez y seis (dieciséis) [djeθiséis]
17	seventeen	diez y siete (diecisiete) [djeθisjéte]
18	eighteen	diez y ocho (dieciocho) [djeθjótʃo]
19	nineteen	diez y nueve (diecinueve) [djeθinwéβe]

once から quince まで語尾が -ce になっている。この -ce は英

語の -teen と同じく「10」の意味である。イタリア語やフランス語は「16」までこの言い方だが，スペイン語は「15」まで。「16」以降は diez「10」のほうが前に来る。本来は diez y seis のような書き方だが，かっこの中の dieciséis のような書き方のほうが今では一般的。z が c に変わっているのは正書法上の理由。z と c の使い分けは次のとおり。

　[θ] 行は za, ci, zu, ce, zo となるが，固有名詞の場合は zi や ze とつづられることもある。z と c の発音は英語の無声音の th の [θ]。ただし，中南米では [s] になる。ca, cu, co はそれぞれ「カ」，「ク」，「コ」と発音される。

(1)　11 / once

　英語だと「ワンス」と発音し，「一度，かつて」の意味である。on は un の変形で「1」。

(2)　12 / doce

　dos + diez で doce。電話では dos だか，doce だか聞き取りにくい。12 に関連する英語は何と言っても dozen（ダース）だろう。フランス語では 12 は douze でこちらのほうが dozen に近い。スペイン語ではダースは docena という。英語では 13 のことを baker's dozen というが，スペイン語にはない。イギリスのパン屋さんのほうが気前がよかったわけではない。昔はパンはひとつひとつ手作りで，重さも一様ではなかった。昔，イギリスでは，商品が基準の重さに達しないと，罰金を科せられるので，重量不足にならないように，念のためにもうひとつおまけしたというわけだ。

(3)　13 / trece

tres + diez で trece。これも電話では tres か，trece か紛らわしい。

(4)　14 / catorce

cuatro + diez だが，cuatro の発音が少々変化。

(5)　15 / quince

cinco + diez だが，cince とはならない。quinto（5番目）の項を参照。

この数はスペイン語圏では大変重要な数で，女の子が15歳になったら，盛大にお祝いをする。15歳（quince años）は少女から一人前の女になる，元服のようなものである。フリオ・イグレシアスの歌にも "De niña a mujer"（「少女から女へ」，mujer は [muxér]「ムヘール」と発音）という歌があったが，15歳の女の子には特別な感慨がある歌だろう。15歳は女の子にとっては重要でも，男の子は祝ってもらえない。日本では男の子が15歳（数えだが）で元服したものだが。

英語圏では16が特別な数のようで，16歳を歌った歌はたくさんある。"Sixteen candles", "It hurts to be sixteen", "Sweet Little Sixteen", "Heartaches at Sweet Sixteen" など枚挙にいとまがない。

日本では17歳が特別で，「17歳」，「17歳のこの胸に」などの歌や「セブンティーン」という雑誌もあった。

これらから考えると，ラテン系が一番発育がよくて，次にアングロサクソンが続き，日本が一番遅いということか。

(6) 16〜19

dieciséis から diecinueve までは特記することはない。

4. 11 から 19 までの序数

次は 11 から 19 までの序数についてまとめたものである。

	基　　数	序　　数
11	once	undécimo
12	doce	duodécimo
13	trece	decimotercio (decimotercero)
14	catorce	decimocuarto
15	quince	decimoquinto
16	diez y seis (dieciséis)	decimosexto
17	diez y siete (diecisiete)	decimoséptimo
18	diez y ocho (dieciocho)	decimooctavo
19	diez y nueve (diecinueve)	decimonoveno (decimonono)

11 と 12 は 10 (decimo) の部分が後に来る。eleventh, twelfth は，一見，分離できない 1 語の感じがするが，スペイン語のほうは，11 の場合，uno + décimo (one + tenth)，12 は dos + décimo (two + tenth) のようなちぐはぐな感じがする。

ところで，英語の eleven, twelve も実は 2 つの部分からなっている。twelve は前のほうが two であることが推測できる。eleven も前のほうが one らしいが，今ではよくわからなくなっている。13 以上の序数の構成は 11，12 の序数のそれとは異なる。たとえば，13 は thirteenth ではなく，tenth + third のような言い方である。

このうちの 12 に関係があるのが，「十二指腸」で英語では duodenum という（スペイン語では duodeno）。医学関係者以外にはなじみがない言葉だが。

5. 20 から 90 までの基数と序数

次は 20 から 90 まで，10 刻みで示した。

	基　　数	序　　数
20	**veinte**	vigésimo [bixésimo]
30	treinta	trigésimo [trixésimo]
40	cuarenta	cuadragésimo [kwadraxésimo]
50	cincuenta	quincuagésimo [kiŋkwaxésimo]
60	sesenta	sexagésimo [seksaxésimo]
70	setenta	septuagésimo [septwaxésimo]
80	ochenta	octagésimo [oktaxésimo]
90	noventa	nonagésimo [nonaxésimo]

基数のほうは絶対覚えなければならないが，序数のほうはあま

り使ったり，聞いたりした記憶がない。

20 だけ dos や doce と全然形が違うが，30 は tres や trece と関連があることが分かるだろう。40 以上も同様である。

21 は基数では veintiúno，序数では vigésimo primero と 13 以上の序数の作り方と同じである。22 以下も同様だが，23 まで示す。

    基数   序数
 22 veintidós vigésimo segundo
 23 veintitrés vigésimo tercero

以上の基数の中で英語に入り込んでいるのは 40（cuarenta）である。「4（cuatro）」の項でも触れたが，40 はキリスト教にとっては重要な数である。quarantine という語も空港でよく目にする。「検疫」という意味で，もとは，飛行機がないころ，伝染病予防のために船を 40 日間，港に停泊させていたことに由来する。イエス・キリストが荒野で断食修行していたのも 40 日間だった。

40 はキリスト教だけでなく，アラビアでも重要な数字で，アラビアンナイトの「アリババと 40 人の盗賊」がその代表だが，バートン版『千夜一夜物語』でもいたるところに 40 が出てくる。アラーは 40 日の間，土をこねて，アダムをこしらえたという記述がある。

quarantine はスペイン語からでも類推できるが，イタリア語の 40 は quaranta で，こちらのほうがより英語に近い。

スペイン語では「検疫」は cuarentena というが，「出産後の 40 日間」という意味もある。ただし，英語にはこの意味はない。

6. 100 から 900 までの基数と序数

	基　　数	序　　数
100	cien	centésimo
200	doscientos	ducentésimo
300	trescientos	tricentésimo
400	cuatrocientos	cuadricentésimo
500	**qui**nientos	quingentésimo
600	seiscientos	sexcentésimo
700	**sete**cientos	septigentésimo
800	ochocientos	octigentésimo
900	**nove**cientos	nonigentésimo (nongentésimo)

　序数は筆者もろくに覚えていない。ただし，基数は必須。500 が ci ではなく，qui になっているうえ，語尾が cientos ではないので注意。700 と 900 は語頭の母音が変化している。

　100 の段はいろいろ問題が多い。200 から 900 までは名詞の性別によって，女性形がある。たとえば，200 人の男なら，doscientos hombres でいいが，200 人の女なら，doscient**as** mujeres と女性形にしなければならない。quinientos も quinientas となる。

　100 ぴったりの時は cien のままでいいが，101 の時は cien のままではいけない。ciento uno に変わる。

　100 が cien，または ciento というのはなじみがあるだろう。1

ドルは 100 セント (cent)。セントに相当するスペイン語は centavo または céntimo である。日本語の「銭」は cent の音訳らしい。英語では，century (世紀) は 100 年 (スペイン語では siglo という全然別の形)，百年祭は centenial，または centenary である。1 メートル (un metro) は 100 センチメートル (cien centímetros)。摂氏は Celsius (スウェーデンの天文学者) ともいうが，英語では centigrade ともいう (スペイン語では centígrado)。水の氷点が 0℃，沸点が 100℃ だからである。

　そうそう，ムカデは「百足」と書くが，スペイン語では ciempiés という。これは cien + pies の合成語で，文字どおり「百足」である。英語では，centipede になる。「足」はスペイン語では語尾の d が脱落するが，フランス語は pied (ただし，語尾の d は発音しない)，イタリア語は piede。元のラテン語は pes だが，形容詞形になると d が入ってくる。詳しくは第 4 章「身体部位」の項で述べる。

7. 1, 10, 100 の段についてのまとめ

　ここで 1, 10, 100 の段についてまとめておこう。

	1 ×	左の序数	10 +	10 ×	100 ×
0	cero				
1	uno	primero	once	diez	cien
2	dos	segundo	doce	veinte	doscientos
3	tres	tercero	trece	treinta	trescientos

4	cuatro	cuarto	catorce	cuarenta	cuatrocientos
5	cinco	**quinto**	**quince**	cincuenta	**quinientos**
6	seis	sexto	dieciséis	sesenta	seiscientos
7	siete	séptimo	diecisiete	setenta	setecientos
8	ocho	octavo	dieciocho	ochenta	ochocientos
9	nueve	noveno	diecinueve	noventa	novecientos

8. 1,000, 1,000,000, 1,000,000,000, 1,000,000,000,000

次は 1,000。今度は 100 の段とうって変わって易しい。1,000 は mil で、2,000 は dos mil と言えばよい。mil は複数形にしなくてもよいし、男性形と女性形の区別もない。10,000 は英語同様 ten thousand の言い方で、diez mil。100,000 なら cien mil でよい。

1,000 ミリメートル (mil milímetros) = 1 メートル, 1,000 ミリリットル (mililitros) = 1 リットル (un litro) からも、mil が 1,000 であることは容易に類推できるだろう。

mil によく似たつづりの英語に mile がある。何の関係もなさそうだが、実はある。古代ローマ人の 1,000 歩（といっても、左 1 歩 + 右 1 歩で、合計 1 歩とする）がマイルである。ローマ人はゲルマン人より体格が劣るので、ローマのマイルは 1,480 メートルぐらいだった。現在の英米の陸のマイルは 1,609 メートルぐらい。筆者などは 1,300 メートルにもならないかも。スペイン語では、マイルは milla [míʎa]（ミージャ）という。

100,000 の上の 1,000,000 になると、単位が変わる。

1,000,000 は 1,000×1,000 のことである。$1,000^2$ ということだが，便宜上，$1,000^{1+1}$ としておこう。スペイン語ではこの数式は，"Mil por mil son un millón"と読む。つまり，millón は mil (1,000) の mil (1,000) 倍のことである。女性形はないが，複数形はある。100 万は un millón，200 万は dos millones としなければならない。一千万は diez millones。「〜百万の」というように形容詞として働くとき，たとえば，百万ドルなら un millón **de** dólares のように前置詞の de を入れなければならない。

さらに，数が大きくなって，1,000,000,000 は $1,000^3$ (=$1,000^{1+2}$) で，英語では billion という（スペイン語では billón）が，これは mil×mil×mil のことである。さらに大きくなって，1,000,000,000,000 (=$1,000^4$=$1,000^{1+3}$) なら，mil×mil×mil×mil で，trillion（スペイン語は trillón）である。

million, billion, trillion と語頭が変化していくわけだが，bi- はギリシャ語由来で「2」を表す（例: bicycle，スペイン語は bicicleta）。tri はスペイン語の「3」tres に関係がありそうなことは分かるだろう。さらに 1,000 倍したら，quadrillion となる。quadri については，「4」cuatro の項で触れた。ここまで来ると，実用の範囲外であるが。

第 2 章

動詞 (Verbos)

コミュニケーションをとるには，名詞だけでは不十分だが，少なくとも名詞と動詞の組み合わせができれば，まあ何とかなる。

　英語の基本動詞は，ゲルマン系のものが多い。get, come, go, take, run, walk など一音節の動詞がだいたいそうである。これらの動詞はスペイン語の基本動詞とはずいぶん違う。

　英語が流暢に聞こえるようにするには，これらの基本動詞に副詞をくっつけた熟語を多用するとよい。get up, get off, get by, go on, take off, take over などである。スペイン語の場合は，このような熟語は一語の動詞になる。スペイン語話者が英語習得に困難を感じるのはこれらの熟語群である。

　ところで，スペイン語の基本動詞は最初は英語と全然違うので，とっつきにくいかもしれないが，よく使うので，すぐ慣れる。これらの動詞をマスターしてしまうと，英語の難しい言葉がよく分かってくるのである。英語の高級語彙をラテン語との関連なしに覚えるのは苦痛である。スペイン語の基本語彙がわかれば，英語の小難しい言葉もすんなりと分かってしまうのである。名詞の例であるが，ひとつ紹介しよう。「教会」はスペイン語では iglesia という。これから派生したことばに eclesiástico（教会の，司祭）というのがある。これは英語では ecclesiastic となっている。教会関係者以外はめったに見ない言葉だが，スペイン語を知っていれば，そう難しい言葉ではない。ただし，「教会」を表すスペイン語は，もとはといえば，ギリシャ語から入ったらしい。そうはいっても，iglesia は旧教国ではどこへ行っても目にするものだが。

第2章　動詞（Verbos）　27

　それでは，スペイン語の基本動詞を紹介しよう。規則動詞も不規則動詞も，すべての動詞の原形は -ar, -er, -ir の3つのうちのどれかで終わる。例外はない。

　紹介の後に簡単なスペイン語の例文も添えた。

1.　nacer [naθér]（生まれる）

　名詞形は nacimiento。

　まずは，生まれないと話が始まらない。唐突だが，西洋の近代はルネッサンスから始まった。ルネッサンスとは文芸復興の意味で使われているが，もとは単に「再生」ということである。これは元はフランス語で，Renaissance とつづる。スペイン語では Renacimiento。「再び」を表す re と「誕生」の nacimiento に分解できる。

　ブラジルのミュージシャンにミルトン・ナシメント（Milton Nascimento）という人がいる。姓の Nascimento（ナシメント）はポルトガル語だが，スペイン語 nacimiento とほとんど同形である。「誕生」という意味だが，やはり特定のあの人（神の子）の誕生にちなむものだろう。

　さて，この nacer はいろいろな英単語に入り込んでいる。

naive（naïve ともつづる）： フランス語から。ラテン語「生まれながらの，自然の」が原義。日本語の「ナイーブ」とは違う。日本語は「繊細な」という，いいイメージの語であるが，英語では「世間知らず」，「だまされやすい」など，悪いイメージの言葉である。

nation（西 nación）： 手元の辞書にも「生まれる」が原義とある。共同体のメンバーが同じところに生まれたということか。

nature（西 naturaleza）： これも「生まれる」が原義。生まれたままの姿で，「自然」。

native（西 nativo）：「生まれつき」，「生まれながらの」。日本では「ネイティブ」だけで，native speaker の意味に使われている。

natal（スペイン語も同じ）：「誕生日」のことを natal day ともいう。natal place は「生まれ故郷」。ちなみに，birthday に相当するスペイン語は cumpleaños で，全然別の形になる。これは cumple + años に分解できる。英語に直訳すると complete（動詞）+ years である。まる1年が過ぎて，やっと誕生日を迎えるわけである。

natal に由来する人名はナタリア（Natalia）で，イエス・キリスト誕生ゆかりのありがたい名前である。昔は，クリスマスに生まれた女の子は大体この名前が付けられたようだ。英語では Natalie となる。ロシアでは Natalia だが，ロシア語での愛称はナターシャ（Natasha）である。ロシア女性の名前といえば，すぐに「ナターシャ」を思い浮かべる。

natality（西 natalidad）：「出生率」。

nativity（西 natividad）： 一般用語では birth だが，正式な用語では，こういう。大文字で Nativity と書くと「イエス・キリストの誕生」になる。つまり，クリスマスの別名である。スペイン語

では，一般的に Nativialidad より短縮形の Navidad が使われている。Merry Christmas は Feliz Navidad である。イタリア語では Buon Natale。

---

nacer を使った，よくある会話文

¿Cuándo nació (usted)? (いつ生まれましたか)
(Yo) nací en el año 1950. ((私は) 1950 年に生まれました)
　　　　　　　　[usted は丁寧な「あなた」，活用は 3 人称単数で]

年の読み方は，日本語と同様，「千九百五十」と読む。mil novecientos cincuenta。英語のように 19 と 50 に切って読むことはない。

¿Dónde naciste (tú)? (どこで生まれたの)
(Yo) nací en Japón. ((私は) 日本で生まれました)
　　　　　　　　[tú は親しい「君」，活用は 2 人称単数で]

¿Cuándo va a nacer tu bebé? (君の赤ちゃんはいつ生まれるの)
En enero. (1 月だよ)
　　　　　　　　[va a は be going to に相当]

tú は主格，tu は所有格。

スペイン語では，動詞がよく活用する。英語では am, is, are, was, were と have, has, had と 3 単現の s ぐらいのものだが，スペイン語で 1 人称，2 人称，3 人称の単数と複数，合計 6 つの活用形がある。これを聞いただけで，引いてしまいそうだが，活用形には規則がある。それも大体，簡単な規則である。ここでは，

あまり硬いことを言わないで，例文そのものを丸ごと覚えていただきたい。

2. **vivir** [biβír]（生きる，生活する，住む）

名詞形は vida。英語の live, life と同根。
生まれたら，生きていかなければならない。

vital（スペイン語も同形）:「生命の」から「極めて重大」の意味にも転化。

vitality（西 vitalidad）:「生命力」だが，今では，「バイタリティー」のほうが普通。

vitamin（西 vitamina）:「ビタミン」。後半の amin は「アミン」とやらで，アミノ酸と関係があるとか。「生命」を維持するのに必須のアミンと考えられていた。

vivid（西 vívido）:「生き生きした」。

viva（スペイン語も同形）:「万歳！」。viva は vivir の丁寧な命令形。「生きてください」が直訳。1万年も長生きしてほしいということである。

vivify（西 vivificar）:「生き生きさせる」。

vivacious（西 vivaz）:「生きている」が原義で，「元気な，陽気な」。

revive（西 revivir）:「生き返る」，「生まれ変わる」。re（再び）

+ vivir。名詞形の revival（スペイン語も同形。ただし，英語からの借用）は日本語の「リバイバル」として定着した。

survive（西 sobrevivir）:「生き残る」。sobre（越えて）+ vivir。sur はスペイン語の sobre に対応するフランス語形。sobre は「〜の上に」,「〜について」などの意味を持つ前置詞。英語の on や over に対応する。名詞形の survival も日本語「サバイバル」として定着した。

音楽用語の vivace も vivir と関連がある。イタリアの作曲家 Vivaldi も，vivir との関連をうかがわせる姓である。

---

vivir を使った，よくある会話文

¿Dónde vives (tú)?（どこに住んでるの）
Vivo en Nueva York.（ニューヨークだよ）

¿Dónde vive (usted)?（どこに住んでいますか）
Vivo cerca de la Casa Blanca.
（ホワイトハウスの近くに住んでいます）

直説法点過去（「〜していた」ではなく，「〜した」）以外の活用形では，3 人称単数の活用形の語尾に s をつけると 2 人称単数形の活用形になる。英語は 3 単現の s だが，スペイン語では 2 人称（2 単現も含む）の s。

Casa Blanca の Casa は「家」，Blanca は「白い」。Casablanca と一語でつづると，モロッコの「カサブランカ」。cerca de は「〜のちかくに［で］」。cerca については後述。

3. crecer [kreθér]（成長する，育つ）

　現在分詞形は creciendo。生きていくうえで成長は欠かせない。crecer は生物だけではなく，月の満ち欠けを表すのにも使われる。

　crescent（西 creciente）：　月が成長過程にあることから，「三日月」，「三日月形の」。後述の「クロワサン」の意味にもなる。大文字で Crescent と書くと，「イスラム教」の意味になる。「赤十字」はイスラム圏では「赤新月」になる。

　crescendo：《音楽》「クレッシェンド」。次第に強くなること。スペイン語 creciendo に対応するイタリア語形。

　croissant：「クロワサン」三日月形のロールパン。crescent のフランス語形。

---
crecer を使った例文

Has crecido mucho, ¿verdad?（大きくなったね）
　　　　　　　　　　　　　　　　［直訳：とても成長したね］
---

4. morir [morír]（死ぬ）

　名詞形は muerte。このフランス語形は mort で，英語にはこの形で入っている。成長が終わると，衰え，死ぬ運命にある。

mortal（スペイン語も同形）： morir の形容詞形で英語も同様である。意味は「死すべき」。人はみな死ぬので，「(神に対して，命に限りのある) 人間」という意味にもなる。

mortician：「葬儀屋」undertaker の婉曲表現である。

mortuary：《英》「遺体安置所」アメリカでは morgue が普通。

mortgage：「抵当」gage は engage の語尾。「死の約束」から。借金が払えなくなったら，死ねということだった（？）。

mortify：「(死ぬほどの) 屈辱を感じさせる」元の意味は「殺す」。mort は「死」。語尾の -fy は動詞化接尾辞。satisfy 等に現れるが，詳しくは後述する。

---

morir を使った例文

Mi papá murió hace veinte años.
（私のお父さんは 20 年前に亡くなりました）

hace は「(時間的)〜前」の意味で，前置詞的に使われるが，動詞 hacer（英語の make や do に相当する）の直説法 3 人称単数現在形。hacer については後述する。

papá は英語の papa と同じ。papa と表記すると，アクセントが前に移り，意味も変わる。

「ローマ法王」(Pope) と，もうひとつは「ジャガイモ」(potato)。スペインでは patata だが，中南米では papa が普通。「ローマ法王のお父さんはジャガイモを食べる」はこうなる。

El papá del Papa come papa.

come は comer（食べる）の直説法 3 人称単数の活用形。「来る」ではない。comer については後ほど述べる。

  Me estoy muriendo de hambre.
 （腹が減って死にそう）

英語への直訳は I am dying of hunger。文頭の me は英語同様の意味だが，この場合は，「～てしまう」の意味を表す。英語では「動詞＋～self」のような表現に相当するが，この用法は結構難しいので，ここでは触れない。
 スペイン語にも，英語同様，現在進行形がある。muriendo は現在分詞。estoy は動詞 estar（be というより stay に近い）の直説法現在 1 人称単数の活用形。

5. amar [amár]（愛する）

 名詞形は amor。生まれたからには愛し，愛されたい。
 英語ではテニスの得点が 0 点のことを love というが，スペイン語で amor といったりはしない。0 そのままで，cero という。

amiable（西 amable）：「優しい」，「好意的」の意。スペイン語では，「ご親切に，どうもありがとう」というときは，"Muchas gracias, muy amable"。"muy amable" だけでは，主語が示されていない。スペイン語では，分かりきっているときは，主語は言わない。動詞の活用形で主語が分かるのである。この場合の主語は「あなた」で，見知らぬ人に対しては，丁寧な「あなた(usted)」が使われる。主語つきで書くと，"Usted es muy amable" となる。スペイン語を学び始めた当初は，英語の影響で，主語を省略

することに心理的抵抗があったが，日本語でも言わないことが多いので，すぐ慣れた。「雨が降る」，「何時」，「暑い」などの表現も，形式主語の it に相当する語はスペイン語では不要である。"there is [are]" の "there" のような語も要らない。

amigo（友人）： 友人は愛すべき存在である。amigo は英語の辞書にも載っている。日本でも有名になった。friend ということだが，英語の反意語は enemy。スペイン語では enemigo。英語では friend と enemy で全然，形が違うが，スペイン語では似ている。スペイン語では反意語を表す接頭辞に in- がある。英語でも反意語の接頭辞には un- と並んで，in- がある。amigo に in- をつけると，inamigo。母音が変化して，enemigo になったわけである。さらに，語尾の go がとれると，英語の enemy が出来上がる。

amicable（西 amigable）： amigo の形容詞形で，「親しい」の意。

amity（西 amistad）：「親善関係」。「和親修好条約」は treaty of peace and amity。

amorous（西 amoroso）：「好色な」，「恋愛の」，「艶めかしい」。

英語では全く別の形になるが，amante という語はスペイン語ではよく使われる。amigo は「友達」，novio は「恋人」，amante は「愛人」となる。

スペイン語圏の男子名には Amado というのがある。amar の過去分詞形で，「愛された」ということだが，特に「神に愛された」

(「愛されたい」か？）という意味である。フランス語では Aimé となる。女性形は Aimée で，こんな名前の女優さんがいた。

Amadeus は Wolfgang Amadeus Mozart のミドルネーム。モーツァルトの生涯を描いた映画のタイトルにもなった。Amadeus は ama + Deus で「神が愛する」，つまり「神に愛された[愛してほしい]」の意味で，Amado と同じことになる。

> ### amar を使った例文
>
> (Yo) te amo, María.（マリア，愛してるよ）
>
> te は tú（親しい「君」）の目的格。SVO 型の構文では O が代名詞の場合，SOV 型に変わる。Te quiero mucho も「愛している」だが，これは querer（want）の項で説明する。
>
> (Yo) nací para amarte.
> ((ぼくは) 君を愛するために生まれた)
>
> スペイン語の会話の実地練習に多用している友人がいた。para は for, in order to の意味。先の例文と違って，今度は te は動詞 amar の後ろになり，くっついて一語としてつづられる。動詞が原形の場合，このようになる。

6.　gustar [gustár]（好き）

名詞形は gusto。「愛している」とまではいかなくても，「好き」ということはよくある。

訳としては「好き」だが，I like のような言い方ではなく，

"Something pleases me"のような言い方になる。たとえば，「私はリンゴが好き」なら，"A mí me gustan las manzanas"，"Me gustan las manzanas"でもよい。A mí は文頭でよく使われる，me（私に）の強調である。この場合，主語は「私」ではなく，「リンゴ」である。英語でも，"I like apples"というように，「リンゴ」は複数なので，動詞も3人称複数形で活用している。「私は夏が好き」なら，"A mí me gusta el verano"と，動詞は3人称単数形になる。

　名詞形の gusto はおなじみだろう。英語では「ガストウ」。ファミレスの名前になっていて，意味は「心からのおいしさ」だが，「超うまい」といったところか。

　「嫌い」はこれを反意語にして，disgustar。名詞形は disgusto。これが英語に入ると，disgust（嫌気）になる。

---

gustar を使った，その他の例文

　¿Te gusto (yo)?（私のこと，好き？）

　gustar を使った文では，通常主語は3人称単数または複数になり，動詞の活用形は直説法現在では gusta または gustan となるが，この場合は主語が1人称単数なので，gusto に変わる。スペイン語では3人称単数形の活用形の語尾に n をつけると，3人称複数の活用形になる。2単の s に対して，3複の n と覚える。規則動詞の直説法1人称単数の活用語尾は o である。

7. odiar [oðjár]（憎む）

人の世では「愛する」こともあれば「憎む」こともある。

odium（西 odio）：「憎しみ，憎悪」。「不評，不人気」の意味もある。易しい英語では hatred だが，こちらには「不評，不人気」の意味はない。形容詞形は odious（西 odioso）「憎むべき，不愉快な」。

Odysseus（西 Odiseo）： ホメロス作と言われる「オデュッセイア」の主人公，「オデュッセウス」。ラテン語名は Ulysses（西 Ulises）「ユリシーズ」。

オデュッセウスの名付け親であるアウトリュコスが，「自分は多くの人間に『憎まれてきた』（ギリシャ語で『オデュッサメノス』）ので，『オデュッセウス』とつけたらよかろう」と言ったのがその名の由来で，「憎まれっ子」の意。「憎まれっ子世にはばかる」は，「人に憎まれるような者が，かえって世間では幅を利かせる」という意味で，確かにオデュッセウスは幅を利かせたが，ポセイドンの怒りを買った（憎まれた）ので，冥界にまで行ったりして，苦労したわけである。

前述の Amado（愛された）は現在でも使われる名前だが，さすがに Odiseo さんには会ったことはない。Ulises さんはいるようだが，ラテン語形だと odiar との関連があまり感じられないからだろうか。

8. ir [ir]（行く）

be going to のような用法もある。

この動詞の直説法現在の活用形はすべて v で始まる。原形とずいぶん違っている。ラテン語で「行く」を表す動詞は 2 つあり，ひとつは eo, もうひとつは vado である。vado が直説法および接続法現在の活用形のもとになっているようだ。

ir は，直説法現在の 2 人称複数の活用形が特に有名で，あの「ラモスで vamos」の vamos である。「(私たちは) 行く」だが，これだけで，"Let's go" の意味になる。「Vamos a +動詞の原形」で「Let's ～」の表現になる。例文は後ほど。2 人称複数の活用形語尾は直説法であろうと，接続法であろうと，条件法であろうと，常に -mos で終わる。接続法とか条件法とか，いろいろあるように見えるが，語尾を少々変えるだけのことで，あまり心配しなくていい。

convoy（スペイン語も同じ）： ir の直説法現在 1 人称単数の活用形は voy となる。con は「一緒に」という意味の造語要素だが，スペイン語では前置詞として使われる。全体で「一緒に行く」という意味で，「護送」，「護衛隊」，「被護送船」などと訳されている。voy はスペイン語では直説法現在 1 人称の活用形だが，convoy には，1 人称の意味はなく，「行く」の意味が入っているだけである。

convey： convoy と同語源の言葉。これもやはり「一緒に行く」が原義であるが，「運ぶ，運搬する」と訳される。ベルト・コンベヤーもこの convey からきている。

invade（西 invadir）： in + vade に分解できる。in は「中」，vade はラテン語の vado（行く）がほとんどそのまま残っている。「中に行く」，つまり，「中に入る」が原義で，「侵略する」という意味になる。

---

ir を使った，よくある文

Vamos al cine. ［＝Let's go to the movies.］
Vamos a la playa. ［＝Let's go to the beach.］
Voy a dormir. ［＝I'm going to bed. 直訳は I'm going to sleep.］

Juan, teléfono.（フアン，電話だよ）
Ya voy.（今，行くよ）

英語では "I'm coming" だが，スペイン語では，日本語と同じく，「行く」でよい。

9.　venir [benír]（来る）

過去分詞は venido。「行く」のペアとして必要な語彙。

venue：「集合場所」。これはフランス語 venir（スペイン語と同形）の過去分詞の女性形。つまり「来た」，または「来るべき」ところ。スペイン語の過去分詞女性形は venida で「到着」の意味。

avenue（西 avenida）： 手元の辞典では，フランス語「～に近づく」の意からということになっている。そうすると avenue は avenir という動詞の過去分詞（女性単数形）かと思われるが，

avenir というフランス語は現在では「～に近づく」の意の動詞ではなく,「未来」の意の名詞として用いられている。スペイン語にもフランス語と同形の avenir という動詞があるが,意味は「合意する,調和する」などである。ただ,かつては「～へやってくる」の意味であったようだ。avenue は人がたくさん「近くにやってくる」ので,「大通り」ということである。

revenue:「歳入」。re + venue で,「再び」「来る」。つまり,「戻ってくる」が原義。

convenient（西 conveniente）: 動詞 convenir（都合がいい）の形容詞形。con + venir で「一緒に来る」。いろいろなものが一緒に来ることで,「都合がいい,便利」ということ。名詞形は conveniencia で,英語は convenience。確かに「コンビニ」は便利である。convenir に対応する英語は convene だが,「都合がいい」という意味はなく,「招集する」。

intervene（西 intervenir）:「間に入る」,「介在する」,「干渉する」。inter + venir に分解。inter は international 等の接頭辞で,「間」の意。「間に来る」が原義。名詞形は intervention（西 intervención）で,「介在」,「仲裁」,「調停」,「干渉」,「介入」。

prevent（西 prevenir）:「pre（前に）+ venir（来る）」。自分の「前に」「来る」から,「妨害する」,「妨げる」。さらに,プラスの意味に転じて「予防する」。名詞形は prevention（西 pevención）。

advent（西 advenimiento）: 動詞 advenir から。「ad（～へ）+ venir（来る）」で,「来ること」,「到来」,「出現」。Advent と大文字で始めると,「キリスト降臨」の意味になる。

adventure（西 aventura）： advent の関連語彙で,「これから来るはずのこと」,「これから起ころうとすること」が原義の,おなじみの「アドベンチャー」,「冒険」。

venture（西 ventura）： これは adventure の語頭の ad が消失した形。「冒険」というより,「冒険的事業」で,「ベンチャー」として定着した。「投機」という意味もあるうえ,動詞として「思い切ってやってみる」の意味でも使われる。スペイン語では「冒険,危険」の意味のほか,「幸せ,幸運」,「偶然,めぐりあわせ」などの意味もある。

---

venir の例文

¿Dé dónde viene?（どこから来ましたか）
Vengo de Inglaterra.（イギリスから来ました）

viene も vengo も現在形。

10.　comer [komér]（食べる）

過去分詞は comido。生きていくうえで必要な行為。直説法 3 人称単数現在の活用形は come, 同じく 2 人称は comes。comer が英語に入っている例は少ない。以下は数少ない例の 1 つ。

comestible（スペイン語も同形）：「食べられる,食用になる」。英語では, edible のほうが一般的。「うまくはないが,食べられる」という意味では, "just edible" という。複数形 comestibles で「食料品」という意味になる。

> **comer を使った例文**
>
> ¿Qué comes?（何，食べる？）
> Como carne de vaca.（牛肉を食べる）

---

comer の過去分詞の女性形 comida は「食べ物」という意味になる。また，三食の中でメインになる食事を指す場合もある。食堂は comedor。

11. beber [beβér]（飲む）

過去分詞は bebido。comer とペアになる動詞。

beverage（西 bebida）：「飲み物，飲料」。beber に関連する英語で一番なじみのある言葉。フランス語から入ってきたが，bever の部分が beber だろうとすぐ推測がつく。○○ビバレッジという会社もある。

ボサノバの名曲に「おいしい水」というのがあるが，原題は "Agua de beber"（ポルトガル語だが，スペイン語と同じ）。原題には「おいしい」という意味はない。単に，「飲むための水（飲み水）」であるが，歌詞を見ると「おいしい水」なんだろう。

> **beber を使った例文**
>
> ¿Qué bebes?（何，飲む？）
> Cerveza.（ビール）

---

beberの代わりにtomar（英語のtakeに相当）を使う国もある。

12. saber [saβér]（知る，分かる，できる，味がする）

　この言葉は，いろいろな用法がある。まず，動詞としては「知っている」だが，「知識や技能を持っている」という意味で，「誰かを個人的に知っている，知り合いである」や「体験や見聞を通して，熟知している」というときは別の動詞conocerを使う。「できる」の時は助動詞として働く。英語ではcanだが，「技能を習得しているから，できる」の意味で，「許可を得て，することができる」の意味では使えない。「味がする」のときは，文脈が全然違うので，意味が混乱することはない。

　sapience（西 sapiencia）：《文語》「知恵」。「知識や技能を持っている」人間はhomo sapiensで，sapienceはラテン語sapiensに由来。そして，sapiensがスペイン語のsaberとつながっている。saberは直説法現在の活用形では語尾にbが現れるが，直説法点過去や接続法現在では語尾にpが現れる。

　sapient（西 sapiente）：「知恵のある」。sapienceの名詞形。

　savvy（西 sabe）：スペイン語では「わかりますか」と丁寧にいうときのsaberの活用形はsabeだが，対応するフランス語ではsavez（語尾のzは発音しない）。記憶が正しければ，この言葉は「パイレーツ・オブ・カリビアン」のジャック・スパロー船長がよく使っていて，日本語字幕では「おわかり？」となっている。ちゃんとした英語では，"Do you understand?"だが，これをスペイン

語の丁寧な疑問文に直すと"¿Sabe (usted)?"となる。主語の「あなた」(usted) はよく省略される。英語では"know"を"savvy"に置き換えて，"Do you savvy?"ということはなく，"Savvy?"だけでよい。ただ，"Savvy?"はあくまでも俗語なので，フォーマルな場では絶対に使ってはいけない。

また，"savvy"には「実際的知識」という名詞用法と「事情に精通している」という形容詞用法もある。

ちなみに，パプア・ニューギニアのピジン語では，"I don't know"は"Mi no save"である。

savor（イギリスでは savour，西 sabor）：「味，風味」。こちらは「味がする」の意味の名詞形。

savory（イギリスでは savoury，西 sabroso）：「味のよい，香りのよい」。savor の形容詞形。

saber を使った例文

¿Sabe que María se casó con José?
（マリアがホセと結婚したのを知っていますか）
No, no lo sabía.（いいえ，知りませんでした）

que は英語の従属節を導く that に，lo は it に対応。

¿Sabes quién es el nuevo primer ministro de Japón?
（日本の新しい首相を知っている？）
No, no sé.（いや，知らない）

¿Sabes nadar?（君，泳げる？）

> Claro que sí. Yo sé nadar muy bien.
> （もちろん。とても上手に泳げるよ）
>
> ¿A qué sabe ese plato?（その料理，どんな味？）
> Es muy picante, pero muy sabroso.
> （とても辛いよ。でも，とてもうまいよ）
>
> plato は英語の dish に相当。語源的には plate に相当。「皿」の意味のほかに「料理」の意味があるのも同じ。
> sabroso は sabor（英 savor）の形容詞形。

13.　**poder** [poðér]（できる）

　こちらも英語では can だが，saber に対して，「できる状態にある」，「してもよい」，「かもしれない」の意味で使う。だいたい，英語の may に対応する。

　poder の派生語では d が t に変わっているが，t のほうが本来の音で，d のほうが変化した後の音である。スペイン語では母音間の無声子音が有声音に変化するケースがままある（ただし，s を除く）。

　poder はこのままで名詞にもなる。「力」，「権力」の意味であり，英語では power に相当する。実は，power の語源はラテン語で，poder と power は語源が同じなのである。

　possible（西 posible）：　poder の形容詞形。ポルトガル語でもスペイン語と同様原形は poder だが，直説法現在 1 人称単数の活用形は posso となる（スペイン語では puedo）。

potent（西 potente）:「有力な」,「勢力のある」のほかに「男性の性的能力のある」の意味もある。最後の意味の場合，反意語の im- がついている語が特に有名。

potential（西 potencial）:「可能性のある」,「動力の」などの形容詞用法と,「潜在力」「ポテンシャル」等の名詞用法がある。名詞形は potency（西 potencia）。

potentate（西 potentado）:「有力者，君主」。

omnipotent（西 omnipotente）:「全能の，何でもできる」。大文字で Omnipotent と書くと,「全能の神」(God) になる。名詞形は omnipotence（西 omnipotencia）。omni- は「すべて」を表す接頭辞。omnibus は本来は「すべての人を乗せる」乗合馬車だった。bus はその省略形。いわゆる「オムニバス」はいろいろなアーティスト，作家などの作品が一堂に会したもの。

poder を使った例文

(Yo) no puedo vivir sin ti.（君なしでは生きられない）

くさい表現である。否定文は動詞の前に no を置くだけ。puedo は poder（できる）の直説法 1 人称単数の活用形。sin は前置詞で，without に相当。ti は tú の前置詞格。スペイン語の代名詞の格は次のとおり。英文法的な言い方だと，主格，所有格，直接目的格，間接目的格，前置詞格，所有代名詞。このうち，直接目的格と間接目的格はほとんど同じ。

¿Se puede entrar?（入ってもいいですか）

entrar を省略して，"¿Se puede?" だけでもよい。文中の se にはいろいろな用法があるが，主語が特定の人物でない場合に使われる。英語では店の看板に "English Spoken" とあるような場合，スペイン語では "Se habla inglés" となる。

¿Mañana hará buen tiempo?（明日はいい天気でしょうか）
Puede ser.（たぶん）

答えの puede ser は，英語の may be と全く同じ用法である。ただし，maybe のように一語にはならない。

14.　caber [kaβér]（入る，ありうる，することができる）

これも can の意味がある。poder 同様，語中の子音が p から b に変化したものと推測できる。

capable（西 capaz）： caber の形容詞形。「有能な」，「～が可能」，「～しかねない」。名詞形は capability。

capacity（西 capacidad）：「容量」，「収容能力」，「包容力」，「可能性」など。これは「入る」の意味から。

capacious：「容量の大きい，包容力のある」。こちらも「入る」の意味から。

capacitate（西 capacitar）：「(人を) 何かすることができるようにする」。

capacitance（西 capacitancia）：「静電容量」。

第2章 動詞（Verbos）　49

---

caber を使った例文

¿Cabe más?（もっと入りますか）

いろいろな場面で使える。箱詰め，乗り物に乗るとき，食べ物を胃袋に入れる時など。

¿Quepo yo?（（乗り物で）座れますか）
［「私も入りますか」が原義］

直説法現在1人称単数の活用形は特殊。

No cabe duda.（疑いが入る余地はない）

---

15. **deber** [deβér]（しなければならない，〜の義務がある，〜に違いない，借りがある，支払いの義務がある）

過去分詞は debido。ここまで，can や may に相当する動詞を見てきたが，これらの助動詞を習った後で，must を習うのが一般的だろう。この deber は，英語の助動詞 must と同様，2つの用法がある。さらに，動詞 owe の意味でも使える。

名詞としては「義務」。複数形 deberes は「宿題」の意味にもなる。

debit（西 débito）：クレジットカードに対するデビットカードで最近よく使われている。簿記の「借方」。簿記についての説明はここでは省略。クレジットカードでの支払いは，購入時の現金残高が商品の価格より少なくても購入できる。口座引き落とし日

に残高が足りていればいいのである。一方、デビットカードは、通常、商品購入時に商品価格を上回る残高が必要である。

debt（西 débito）：「負債, 借金」。「支払いの義務がある」ということから。debt の b は読まないのだが、deber がわかれば、なぜ読まない b があるのか納得できる。なお、スペイン語の débito には、「夫婦の務め」という意味もある。

due：「当然そうあるべき」が原義。英語では「満期」、「当然の」、「到着や誕生予定の」などの意味がある。フランス語 devoir（スペイン語の deber に対応）の過去分詞 due（女性単数形）から。スペイン語では debido。

duty： due の名詞形。スペイン語では deber。もともとは「義務」だが、金銭上の義務、つまり「税金」の意味にもなった。その他、「職務」、「兵役」などの意味がある。スペイン語では「税金」は impuesto（imponer「課す」の過去分詞に由来。英語 impose の過去分詞 imposed に対応）。deber には「税金」の意味はない。

---

deber を使った例文

Los estudiantes deben estudiar.
（学生は勉強すべきだ）
No debes fumar tanto.
（そんなにタバコを吸ってはいけないよ）
El tren debe de llegar ya.
（列車はもう着くはずだ）
¿Cuánto le debo?（いくらですか）

タクシー料金など，後払いのときに使う。英語では How much do I owe? 買い物で,「いくらですか」というときは ¿Cuánto es? (How much?) でよい。

16. haber [aβér]（ある）［現在完了の助動詞］

英語の have と語源は同じように見えるが，実は違うらしい。意味や用法や形はよく似ているのだが。この語は，スペイン語では「持つ」の意味では使われなくなっている。「しなければならない」は英語では have to（口語では have got to）だが，スペイン語でも haber de という言い方があるにはある。ただし文語になってしまっている。口語では別の動詞を使うが，すぐ後で触れる。スペイン語の haber は現在完了の助動詞として使われるが，これは英語と同じである。もうひとつ大事な用法がある。それは英語の there is [are] に相当する用法である。3人称単数の活用形をとるが，直説法現在では hay ～ となる。hay の後に意味上の主語がくる。意味上の主語が複数形でも動詞は常に hay である。否定は no hay「ノ・アイ」で，日本語の「ない」に発音が似ている。

haber を使った例文

He ido a los Estados Unidos.
　（僕はアメリカへ行ったことがある）

　ido は ir（行く）の過去分詞。英語では "I have gone" とは言えないが，スペイン語では言えるのである。もちろん，"I have been" に相当する "He estado" という言い方もできるが。

　　No hay tiempo.（時間がない）

17.　tener [tenér]（持つ，取る）

　これが現在では意味の上では英語の have に相当する動詞である。「しなければならない」というときは deber もあるが，口語的な表現では「tener que +動詞の原形」が使われる。deber—must に対して，tener que—have to という組み合わせができる。

　tener は -tain という形で英語にたくさん入り込んでいる。

entertain（西 entretener）： entre は inter 同様，「間」の意味がある。スペイン語では entre は between の意味の前置詞にもなっている。entre は動詞 entrar（英語の enter）の丁寧な命令形でもある。「entre + tener」で「間を保つ，間を持つ」が原義だが，日本語の「間を持たせる」がぴったりする。「間を持たせる」ことは「もてなす」ことであり，「楽しませる」ことなのである。名詞形は entertainment（西 entretenimiento）は「エンターテインメント」として普及している。

maintain（西 mantener）：「mano（手）+ tener」。「手に保つ」が原義だが，「手を入れる」のほうがぴったりする。main の部分はフランス語の「手」そのもの。tain に相当するフランス語は tenir で，スペイン語とほとんど同じである。「手入れする」ことは「保守」，「維持」である。また，「家族を養う」という意味にもなる。英語ではいわゆるメンテナンスのほかに，「主張する」とい

う意味もある。名詞形は maintenance（西 mantenimiento）。

sustain（西 sostener）:「sos + tener」，または，「sus（下から）+ tain」で，「下から持つ」，つまり「下から支える」が原義。「(建造物を) 支える」，「(困難などに) 耐える」，「維持する」(maintain) などの意味がある。この sus は sub の変形である。スペイン語の sos も sus の変形。

スペイン語にはこれに関連した語に sostén というのがある。「支柱」，「食べ物」という意味だが，複数形の sostenes とすると，女性の胸を支える下着のことになる。ただ，筆者の知る限りでは，この語はあまり聞かず，英語（元はフランス語）の brassiere を借用していたように思う。発音だけはスペイン語式にしていたが。sostenes を英語に直訳すると sustainers になるのだろうが，こんなことばもあるのだろうか。

名詞形は sustainment（西 sostenimiento）。

retain（西 retener）:「re + tener」で「再び持つ」が原義。「保持する」，「(水などを) せき止める」「(顧問料などを払って人を) 雇う」。スペイン語とはやや意味が異なる部分がある。名詞形は retention（西 retención）。

detain（西 detener）:「引き止める，拘留する」。スペイン語には「逮捕する」や「(車を) 停止させる」などの意味もある。「逮捕する」は英語では "You are arrested" と受身で表現するが，スペイン語も同様。"Usted está detenido(a)"。逮捕者が女性なら語尾は o が a に変わる。名詞形は detention（西 detención）。

obtain（西 obtener）:「ob（そばに）＋ tain（tener）」。「そばに保つ」が原義で,「獲得する」の意味になる。名詞形は obtainment（西 obtención）。

contain（西 contener）:「含む」。「con（ともに）＋ tener（持つ）」から。container「入れもの」（西 contenedor）は, すっかり「コンテナ」として日本語に定着した。名詞形は content（西 contenido）で「中身, 含有量」など。スペイン語のほうは動詞 contener の過去分詞形である。

「満足している」という意味の英語の形容詞も content（西 contento）で,「中身, 含有量」を表す語と同形である。ただ, アクセントが異なる。英語の辞書では別の語として取り上げられているが, 実は, ラテン語「すべて含まれた」が語源になっているのである。たとえば, 胃袋という容器に食べ物が十分含まれた（contenido）状態のとき, 人は満足する。

スペイン語には次のことわざがある。

Panza llena, corazón contento.

（英語への逐語訳は, Stomach full, heart content.）

複数形の contents はカタカナ語「コンテンツ」として定着してきたようだ。

ところで, tener に相当するフランス語は tenir で, この丁寧な命令形 Tenez（取ってください）が tennis の語源になっているらしい。

tener を使った例文

¿Qué tiene?（(医師の質問等) どうしましたか）
［直訳は「何を持っていますか」］
Tengo dolor de cabeza (estómago).（頭[胃]が痛いんです）
［直訳は「頭[胃]の痛みを持っています」］
¿Cuántos años tienes?（君，何歳？）
［直訳は「何歳を持ってるの？」］
Tengo quince años.（15歳よ）
Tengo que irme.（そろそろ失礼します）
［直訳は「行かなければなりません」］

irme は ir（行く）+ me。me は英語の me，または myself に相当するが，この文の場合，「私自身をこの場から引き離す，この場を去る」という意味合い。単に「〜へ行く」という場合は，ir a 〜 だけでよい。

18. poner [ponér]（置く）

過去分詞は puesto。英語では put だが，一見，語源的には関係なさそうに見える。これも，tener 同様，英語の重要な動詞に潜んでいるのである。

postpone（西 posponer）:「延期する」postpone については，「はじめに」でも触れた。post（時間的に後ろに）-pone（置く）に分解できる。スペイン語の pos- は post の変形。post は日本語でも「ポストだれだれ」というふうに使われている。

postpone が書き言葉的なのに対して，同義の熟語の put off は

「(時間的に)離して置く」が原義で，postpone の成り立ちと全く同じである。予定されていることを「過去に置く」ことはタイムマシンでも使わない限り，不可能である。「未来に[後ろに]置く」しかない。

suppose（西 suponer）：「su + poner（下に置く）」に分解できる。「下に置く」ということで，「物事の前提になる」という意味になる。そこから，「～を前提とする」，「仮定する」，「～したらどうか」などの意味になり，さらには think よりは軽い感じの「考える」にまで意味が広がった。

su- については sostener の項で触れた，sos-, sub- の変化形である。英語では sup + pose に分かれる。sup- はスペイン語の su に対応。-pose は poner に対応している。poner の直説法点過去と接続法過去の活用語幹は pus- で，特に直説法点過去の 1 人称の活用形は puse となり，英語の -pose に近い形になる。-pone の形で英語に入っている語は少ないが，-pose の形で入っているものは多い。

propose（西 proponer）：「pro（前に）+ poner（pose）（置く）」。具体的なものではなく，提案・企画などを相手の前に差し出すことである。「提案する」，「～するつもりである」，「(地位・会員などに)推薦する」などのほかに，いわゆる「プロポーズする」が特に有名。結婚の案を相手の前に差し出すということだ。ただし，スペイン語では，proponer だけでは単に「提案」ということで，「プロポーズ」の意味はない。

名詞形は proposition（西 proposición）。求婚の意味の名詞形は proposal だが，これに対応するスペイン語形はない。

purpose（西 propósito）:「pur + pose（置く）」。pur は pro（前に）の変形。スペイン語では pro はそのままになっている。propose が動詞だったのに対し，こちらは名詞。-pose の発音も違っている。「前に置く」ということで，「目的，意図，決心」であるが，英語では「結果，成果」という意味も加わっている。

oppose（西 oponer）:「op（対抗して）+ pose（置く）」。ここから「反対する」,「敵対する」という意味になる。名詞形は opposition（西 oposición）。opposition party で《英》「野党」。

opponent（西 oponente）:「敵対者」今度は -pone の形が出てくる。

opposite（西 opuesto）: スペイン語では oponer の過去分詞形。「（位置的にも，性質・思想なども）反対の」。

repose（西 reponer）:「re + pose (poner)」で「再び置く」が原義。英語では「何度も置く」ということで，「信頼・信用・希望などを人に置く」という意味がある。また，同形異義語としては「休息する」（永遠の休息の場合もある）,「物が（上に）載っている」の意味がある。スペイン語では「再び置く，戻す」,「復職させる」などのほかに「健康を回復する」という意味もある。英語の「休息する」の意味の場合は，しっかり休養をとったあとで，元の場所や仕事に戻るということだろう。

英語では，repose のままで名詞になり，「休息」,「静けさ」,「平静」などの意味がある。この意味の repose は，スペイン語の reposo に対応する。

impose（西 imponer）：「im + pose」で「中に［上に］置く」で，「（仕事，義務，税金などを）課す」，「押し付ける」の意味になる。im- は後ろに両唇音（b, p, m）が来たときの in- の形。名詞形は imposition（西 imposición）で，「課税」，「税金」等の意味だが，一般的には「税金」は tax。正式には imposition というのだが。スペイン語でも「税金」は一般的には過去分詞形の impuesto を使う。

expose（西 exponer）：「ex（見えるように）外に + pose（置く）」から，「（風雨，危険，批評などに）さらす」，「（秘密などを）暴露する」，「品物を陳列する」，「フィルムを感光させる，光にさらす」の意味になる。「フィルムの感光」はほとんどがデジタルカメラに移行した現在では，プロの写真家以外には通じなくなっているかも。

名詞形は exposition（西 exposición）は「陳列，展示」の意味から発展して，「万国博覧会」の意味にもなった。この意味では expo と短縮され，かつて大リーグにもカナダ（スペイン語は Canadá）のモントリオール（Montreal, フランス語で Mont + real の合成語で，Mont は「山」，real は「王の」）に Expos というチームがあった。

英語には exposure という別の名詞形もあり，こちらは「暴露」，「（放射能の）被曝」，「フィルムの感光」，「マスコミへの露出」などの意味である。

compose（西 componer）：「con（一緒に）+ poner（置く）」から，「組み立てる」，「構成する」。さらには，音を「一緒に置く」ことから「作曲する」，単語を「一緒に置く」ことから「作文する」などの意味がある。

component（西 componente）： compose の形容詞形。「構成している」。「構成要素」という名詞にもなる。いわゆる「コンポ」。

　depose（西 deponer）：「de（下へ）＋ poner（置く）」から，「（王位などの高い位から）退ける，退位させる」。法律用語として，「証言する」，「宣誓供述書を取る」の意味がある。英字新聞では「解任する」の意味でよく使われるだろうか。名詞形は deposition（西 deposición）。

　dispose（西 disponer）：「dis（別々に，離れて）＋ poner（置く）」から，「配列する，配置する」。「～したい気にさせる」，「傾向を持たせる」，「処分する」などの意味もある。「生ごみ処理機」disposer はカタカナ表記の「ディスポーザー」として定着。生ごみはくさいので敷地の中の「離れたところに置いて，処分する」ということか。

　名詞形は disposition（西 disposición）。「配置，配列」，「処分」のほかに「性質，気質，傾向」などの意味がある。

　西洋では古代ギリシャのころから「気質」には胆汁質・多血質・粘液質・憂鬱質の4つの要素があって，その組み合わせ，配列で人の「性質，気質」が決まると考えられていた。というわけで，disposition に「気質」という意味も加わったのである。

　"You got a sweet disposition"（君はやさしいんだね）という歌詞が，ファンクの帝王，ジェームス・ブラウンの "Out of Sight" にあった。ちなみに "out of sight" は「まぶしすぎて見えないぐらい，すばらしい」という意味である。

post（西 puesto）:「地位」,「部署」など。英語の post にはいろいろな意味があるが,もともとは poner（置く）と関連がある。「置かれた場所」が原義だが,スペイン語では lugar puesto となる。この過去分詞の puesto が英語では post になっているわけである。そこから,「郵便のポスト」や「支柱」などの意味が派生したと考えられる。

position（西 posición）:「位置」,「立場」など。「身を置く場所」が原義。

preposition（西 preposición）:「前置詞」。「pre（前に）＋ position」に分解できる。「(名詞の) 前に置いて位置関係などを示す言葉」ということ。

---

poner を使った例文

(Yo) puse mi sombrero en la mesa.
((私は) テーブルの上に帽子を置いた)
Póngase el sombrero.（帽子をかぶりなさい）

poner + se で「自分自身に（何かを）置く」。この場合は「かぶる」。

---

19. querer [kerér]（欲する,求める）

英語の want に相当する。過去形の語幹は quis- となる。「欲する」,「求める」の意味が本来だが,英語同様,「〜したい」

(want to 〜) の意味でも多用される。また,「愛する」の意味でもよく使われる。

　querer は英語に入ると, -quire の形になることが多い。また, 過去形の語幹 quis- と関連する ques- という形で英語に入っている場合もある。

　quest： これに対応する形のスペイン語は見当たらない。「探求, 追及(する)」。ドラクエですっかり馴染みになった。

　question (西 cuestión)： 語源は同じだが, スペイン語の cuestión は「調査・解明を要する問題」。英語の「質問」とは違う。

　require (西 requerir)：「要求する」。「再び求める」から「何度も求める」で,「要求する」になった。名詞形は requirement と requisition の2つある。どちらも「必要」の意味があるが, 後者には「軍隊による徴発, 調達」,「政府間の犯罪人引渡し」の意味もある。スペイン語の名詞形は requerimiento, requisición で, それぞれ英語に対応している。

　requisite (西 requisito)：「必要条件」,「必要品」。

　request：「リクエスト」。「re + quest」からなるが, -quest は -quire と同じく,「求める」の意。-quest は querer の過去形の語幹の -quis との関連がうかがえる。

　conquer (西 conquistar)：「征服する」。「女性をくどき落とす」という意味もある。「求めて手に入れる」が原義。-quer の部分が「求める」。-quire, -quer, -quis, -quest と変形がいろいろあるが, すべて querer につながる。名詞形は conquest (西

conquista)。コルテス（メキシコのアステカ王国を征服）やピサロ（インカを征服）などの新大陸の征服者は conquistador(es) と呼ばれる（es は複数形につける）。

acquire（西 adquirir）：「手に入れる」,「獲得する」,「購入する」など。「ac（〜を）+ quire（求める）」に分解できる。「求めた」結果,「獲得」したわけである。名詞形は acquirement もあるが, acquisition のほうが一般的。スペイン語では adquisición。

acquisitive（欲深い）という形容詞も派生。これに対応するスペイン語は adquisitivo だが,「欲深い」という意味はない。

inquire（西 inquirir）：「尋ねる」,「取り調べる」,「審問する」など。「in（中に）+ quire（求める）」から。これらの訳語は, 情報を「人の中に求める」ということで共通している。名詞形は inquiry（enquiry ともつづる）と inquisition がある。前者は「問い合わせ」,「調査」などの意味だが, 後者は Inquistion と大文字で始めると,「（異端審理の）宗教裁判所」の意味もある。ガリレオにとっては聞きたくもない言葉だろう。

派生語に inquisitive（西 inquisitivo）がある。英語には「詮索好きな」,「好奇心の強い」,「研究好きな」などの意味がある。

---

querer を使った例文

Te quiero mucho.（君をとても愛している）

とても重要な例文。"I want you" ではなく, "I love you"。

¿Qué quiere?（何がほしい？ 何か, 用か？）

"What do you want?" だが，怪しげな人物が来たときにも使うのは英語も同じ。けんかを始める時にも使う。

 Quiero comer bistec.
 （ビフテキが食べたい）

英語では want to で to が必要だが，スペイン語は to に相当する語は不要。want to は英語同様，直接的な表現で，上品に言うときは，英語の would like to に相当する言い方をする。

 Quisiera preguntarle una cosa.
 （ひとつお聞きしたいのですが）

quisiera が would like to に相当する。preguntar（質問する）と le（あなたに）が一語としてつづられる。una cosa は「1つのこと」。cosa はイタリア語でも同じで，マフィアを表す Cosa Nostra（われわれのもの）で有名だろう。

 ¿Quiere abrir la ventana?
 （窓を開けていただけませんか）

直訳英語だと，"Do you want to open the window?" だが，この場合の querer は「〜したいですか」ではなく，「〜していただけませんか」の意味になる。

20. hacer [aθér]（する，作る）

英語の do や make に相当する。過去分詞は hecho。
スペイン語では語頭の h は f であったものが変化した場合がある。これもその1つである。ラテン系の諸言語でスペイン語の

hacer に対応する動詞は, イタリア語 fare, フランス語 faire, ポルトガル語 fazer といずれも語頭に f 音が残っている。ということで, スペイン語でもかつては facer であったことが推測できるだろう。単独では hacer になったものの, 合成語には facer という形が残っている。いい例は satisfacer（英 satisfy）である。英語では「する」を表す接尾辞は -fy で, clarify（clear にする）などにも見られる。

fact（西 hecho）: スペイン語は過去分詞形と同じ。過去分詞 hecho に現れる ch の部分は ct が変化した形で, 数の「8」ocho の元の形が octo だったことや, 動詞 decir（言う）の過去分詞が dicto から dicho に変化した例もある。そうすると, hecho の元の形は fecto と推定できる。さらに, a の母音が e に変化したことも推測できよう。そうなると英語の fact とほとんど変わらない。実際, fact の元の意味は「実際になされたこと」で, done または made ということである。

fiction（西 ficción）:「fic（作る）+ tion（もの）」に分解できる。fic- は fac- の母音が弱くなった形。また, スペイン語の動詞 hacer の点過去の活用形の語幹は hic-（1 人称単数の活用形は hizo だが, やはり母音は i である）で, 語幹の母音が [a] から [i] に変わっている。

fiction のほうは, 実際に作られたものではなく, 頭の中で作られたもので,「作りごと」,「フィクション」,「小説」の意味になる。fact と fiction は反意語と考えられるが, 語源は同じだったのである。

manufacture（西 manufactura）:「manu（手）+ facture（作ること）」で,「手工業」のようだが,「（機械による大規模な）製造, 製品」などの意味である。いわゆる「手工業」は handicraft。manu は「手」の意味だが, スペイン語の名詞「手」は mano である。mano は日本語の「手」と同様,「人手」（労働力）の意味がある。多くの「人手」(manos) を必要とする工業が manufactura というわけである。mano については, 名詞の部で詳述する。

factory（西 factoría）:「工場」。「fac + tory」で,「物が作られるところ」が原義。スペイン語では「工場」は一般的には fábrica という語が使われる。factoría は「工場」よりも「海外代理店」の意味で使われることのほうが多いようだ。factory の語尾の -tory（ところ）は dormitory, lavatory, laboratory などの語にも現れる。

factor（スペイン語も同形）:「fact（作る, する）+ or（人を表す接尾辞）」で,「ものを作る［事をなす］人」が原義であるが,「因子」,「要因」,「ファクター」などの意味と,「因数分解する」という意味の動詞としても使われる。スペイン語には動詞の用法はない。

facsimile（西 facsímil または facsímile）:「fac（作る）+ simile（似たもの, similar）」から,「同じようなものを作る（機械）」ということで, いわゆる「ファクス」である。simile という英単語もあるが,「（修辞）直喩, 明喩」という専門用語である。

hacer を使った例文

¿Qué estás haciendo?（何, してる？）

[What are you doing?「する」]
Hice muchos amigos en Alemania.
（ドイツでたくさん友達を作りました）[「作る」]
Voy a hacerte feliz.（君を幸せにするつもりだ）
[「～にする」（使役）]
Hace calor [frío] hoy.（今日は，暑い[寒い]）
[天候の表現。英語では "it is ～"]
Hace mucho tiempo que no llueve.
（長いこと雨が降っていない）
[時間の表現（時刻ではない）]

21. decir [deθír]（言う）

過去分詞は dicho。過去分詞形の dicho の ch は hacer の過去分詞形 hecho と同じく，ct が変化したもので，英語には dict という形で入っている。

predict（西 predecir）：「pre（前もって）+ dict（言う）」で，「予言する」，「予報する」。名詞形は prediction（西 predicción）。

verdict：「verdad（真実）+ dict（言う）」から，「（陪審員が下す）評決」，「（熟慮に基づく）判断」。verdad（真実）については後述。

dictate（西 dictar）：「口述する」，「書き取らせる」，「命令する」など。いずれも「言うことをきかせる」の意。名詞形は dictation。dictator になると，もっぱらヒトラーやスターリンのような「独裁者」の意味で使われる。「口述者」という意味もあるにはあるが。dictatorship では「独裁国家」，「独裁体制」などにな

る。

diction（西 dicción）：「言葉遣い」,「話し方」,「発声法」など。

dictionary（西 diccionario）：「diction（単語）+ ary（本）」で，おなじみの「辞書」。

dictum（西 dicho）：スペイン語では過去分詞そのもの。「言われた」が原義で，「金言」,「格言」。

malediction（西 maldición）：「male（悪い）+ diction（言葉）」で，「のろいの言葉」,「悪口」,「中傷」。スペイン語の動詞形は maldecir。過去分詞の maldito は「呪われた」の意味だが，英語の悪口言葉の bloody（いまいましい）の意味でよく使われる。

benediction（西 bendición）：「bene（よい）+ diction」で，「（神父や牧師の）祝福」,「感謝の祈り」など。blessing のほうが一般的な用語である。「祝福された」という意味の男子名は Benedict で，ローマ法王にもこの名前の方がいらっしゃる。

トニー・ベネット（Tony Bennett, 1926 年 8 月 3 日- ）はアメリカ合衆国のポピュラー音楽の歌手で，名前からはイタリア系とは思えないが，容貌はイタリア系そのもので，本名は Anthony Dominick Benedetto という。ここから，芸名の Tony Bennett ができたわけだが，本来の姓の Benedetto はスペイン語に直すと Bendito で，動詞 bendecir（祝福する）の過去分詞である。

Benedict は男子の個人名に使われるが，それに対応するイタリア語 Benedetto は姓に使われているわけだ。

contradict（西 contradecir）:「contra（反対して）＋ decir（言う）」から,「否認する, 否定する」。「矛盾する」という意味にもなる。名詞形は contradiction（西 contradicción）。

---

decir を使った例文

Diga.
(「はい, もしもし」／「(店で) 何を差し上げましょう」／「(声をかけられて) 何でしょうか」)

接続法現在 1 人称および 3 人称単数の活用形。この場合はていねいな命令形。文字どおりには "Say"。日本の DVD レコーダーの商品名にもなっている。"Dígame" ということもあるが, 意味は同じ。直訳は "Tell me"。

¡No me diga!（まさか。そんな馬鹿な）

"Dígame" の否定形。直訳英語は "Don't tell me"。

¿Qué dice el periódico?（新聞は何と言っている？）
Dicen que el primer ministro está enfermo.
（首相は病気だそうだ）

dicen que は英語の they say に相当する表現。

Usted dirá.（(酒を注ぎながら) どこまででしょうか）

直訳は「あなたは言うだろう」。英語では "Say when"。黙っていると, いつまでも注ぎ続けられるので, 適当なところで "Ya"（もういいです）と言わなければならない。Ya は「もう」に相当する。英語では "When" とだけ答えることもある。

22. ver [ber]（見る）

過去分詞は visto。英語の see に対応する。イタリア語では vedere で d が残っている。英語には vid- や vis- などの形で入っている。

接続法過去の 1 人称および 3 人称単数の活用形は viera。テレビの商品名になっている。英語の仮定法過去に相当する「もし，～したら」の節の中で使われる。「見たら，見れば」といったところか。

video（西 vídeo, video）：「ビデオ」。

vision（西 visión）：「視力」，「映像」，「幻想」，「未来像」など。テレビ television は「tele-（遠く）+ vision」で「遠くのものを見る」が原義。

形容詞形は visual（スペイン語も同じ）。

visible（スペイン語も同じ）：「見える」。反意語は invisible で，「透明人間」は an invisible man。

visa（スペイン語も同じ）：「見られるもの」が原義。「ビザ」。

visit（西 visitar）：「見に行く」が原義。「訪問する」。

vista（スペイン語も同じ）： 英語にはイタリア語から入ったようだが，スペイン語も同形。過去分詞 visto の女性形。「光景」，「見通し」など。ウォルト・ディズニー・カンパニーがかつて使用していた配給部門のブランド名の Buena Vista は，英訳すると Good View「絶景」の意。どこにでもある，ありふれた地名らし

い。

view（西 vista）： 古期フランス語「見る」から。現代フランス語の動詞 voir（見る）の過去分詞は vu（発音は「ヴュ」）。

review（西 revista）：「re（再び）+ ver, view（見る）」から,「再検討」,「復習」,「回顧, 反省」。さらには「（新聞や雑誌などの）評論, 評論紙, 評論誌」などの意味にもなった。評論するには何度も詳しく見なければならない。「歌や踊りなどからなる軽喜劇」の意味の舞台のエンターテインメントの「レビュー」は revue ともつづられる。

preview：「pre（前もって）+ ver, view（見る）」から,「下見」。「映画の試写会」,「予告編」の意味もある。「プレビュー」という言葉もよく見るようになった。

revise（西 revisar）：「re（再び）+ visar, vise（見る）」で,「（書物などを）改訂する」,「（試験に備えて）復習する」など。名詞形は revision（西 revisión）。revisionist とすると,「（社会主義の）修正主義者」だが, 文化大革命当時の中国の指導者がソ連に対して, 悪意を持って使っていた言葉の訳語である。

survey：「sur（上から）+ vey（見る）」で,「ざっと見渡す」,「概観する」,「調査する」などの意味になる。決して,「上から目線」ではない。動詞のほかに名詞としての用法もある。sur はスペイン語の sobre（上に）や super に通じる。vey は ver（見る）に通じる。

surveillance（監視, 見張り）という名詞形もある。

supervise（西 supervisar）： survey 同様,「super（上から）+ vise, visar（見る）」が原義で,「監督する」,「管理する」,「指揮をとる」などの意味になる。スペイン語の「見る」は普通は ver だが, visar という動詞もある。visa の動詞形で,「承認する」,「（旅券などに）査証する」という意味がある。

名詞形は supervision（西 supervisión）。「supervise する人」の supervisor（スペイン語も同形）は「スーパーバイザー」という日本語としてもだいぶ定着してきたようだ。

---

ver を使った例文

No se ve el sol.（太陽が見えない）
Te veo muy feliz.（君は幸せそうだね）［幸せに見える］
Voy a ver a mi novio [novia] esta noche.
（今夜, 恋人に会うつもりです）[novio は男性, novia は女性]
Hace mucho tiempo que no nos vemos.
（長いこと会っていませんね）
¿Cómo me veo?（どう, 似合う？）［私はどう見えますか］

---

23. mirar [mirár]（じっと見る）

英語の look に対応する。命令形は mira。名詞形も mira で「じっと見ること」が原義。そこから「見つめること」「羨望」の意味にもなった。mira は軽自動車の名前にもなっているが, イタリア語に由来するらしい。いずれにせよ, 前をよく「見ろ」ということで, なかなか親切な名前である。

admire（西 admirar）：「驚き見る」が原義。ここから，「感嘆する，賞賛する」。

admiral（西 almirante）：「提督」。mirar からの派生語のように思えるが，これは「海の支配者」を意味するアラビア語に由来するそうだ。

---

mirar を使った例文

¡Mira! (¡Mire!)
（ほら／ごらんよ／おやまあ）［カッコ内は丁寧な命令形］

24.　dormir [dormír]（眠る）

dormitory（西 dormitorio）：「dormi（眠る）＋ tory（ところ）」で「寮」。本来は「寝室」，「寝室用家具」の意味だが，英語では「寮」の意味しかなくなった。英語では dorm と略すことができるが，スペイン語ではそうはいかない。

dormancy：「寝ている状態」から，「睡眠[休眠]状態」，「休止（状態）」の意味になる。

dormant：これはフランス語 dormir の現在分詞で，sleeping ということ。スペイン語では durmiendo となる。「睡眠状態」のほかに，「(植物などが) 未発育」，「(火山などが) 休止状態にある」という意味もある。

dormouse:「dormir + mouse」で「眠りねずみ」。どんなねずみかと思ったら,「ヤマネ」のことで,冬眠期間が長いことからこんな名前になったようだ。「ヤマネ」は「リス」と「ネズミ」の中間的動物ということだが,動物図鑑でも当たっていただきたい。転じて,「眠たげな人」という意味にもなる。

---

dormir を使った例文

Quiero dormir más.（もっと寝たい）
Jorge está durmiendo.
（ホルヘ（英語の George に相当）は寝ています）

---

25. lavar [laβár]（洗う）

現在分詞は lavando。

launder（西 lavar）:「洗う」は英語では wash が一般的だが,正式用語として launder がある。「マネーロンダリング」の「ロンダリング」の元になっている言葉で,「不正な金・商品を」合法的に見せかける」という意味もある。英語 launder の u はスペイン語では lavar の v となって現れているが,u と v はかつては分離しておらず,常に v と書かれていた。母音の位置に v がくると [u] と発音され,子音の位置に来ると [v] と発音されていた。これで,w が英語では "double u" だが,スペイン語では "v doble"（uve doble）なのも理解できよう。

laundry（西 lavandería）:「(集合的に) 洗濯物」。launder の名詞形。スペイン語の lavandería は「クリーニング屋」。スペイン語 lavandería は現在分詞 lavando に似ている。

lavatory（西 lavatorio）:「lava（洗う）+ tory（ところ）」で,「(手を) 洗うところ」。つまり「お手洗い」,「トイレ」のこと。英語で「トイレ」を表す言葉はいろいろあるが, toilet は直接的で, 日本語の「便所」のイメージらしい。lavatory は硬い言葉のようで, 街中ではあまり見ないが, 飛行機のトイレの表示が Lavatory だったような気がする。筆者の勤める某国立大学工学部のトイレは Lavatory と表示してあったが, 改装工事後, その表示がなくなってしまった。危険な薬品が体にかかったらすぐ洗えるようにということで, あえて, 英語の表記を Lavatory にしていたのかどうかは分からないが。

家庭では「bathroom はどこですか」とたずねるのがよい。スペイン語では "¿Dónde está el baño?"。西洋ではトイレと風呂（シャワー）が同じ部屋になっていることが多い。最近, 日本でもワンルームマンションはユニットバスになっていることが多い。

公共の建物では rest room がよく用いられる。日本でトイレの略語として WC もひところほどではないにしても, まだ使われているが, もとの water closet はいまや古語で「厠」,「雪隠」といったところだろうか。

---

lavar を使った例文

Mi esposa cocina, y yo lavo los platos.

> （女房が料理し，私が皿を洗う）
> Quisiera lavarme las manos.
> （手を洗いたいのですが）[「トイレに行きたい」の婉曲表現。ただし，トイレと洗面所が別にあるところでは通じない]
>
> 英語の "wash my hands" はスペイン語では "wash myself the hands" のような表現になる。

26. laborar [laβorár]（働く）

　名詞形の labor（英語も同形）はよく使うが，この動詞はあまり使わない。一般的には trabajar である。ロボット（robot）の語頭は r だが，この語は「働く」という意味のチェコ語に由来するそうである。lobot と書くと labor にだいぶ近くなる。ところで，スペイン語とポルトガル語の間では l と r の交替が見られる。「広場」を意味するスペイン語は plaza だが，ポルトガル語では praça となるのがその一例である。このほか，多数の例がある。

　laboratory（西 laboratorio）：「labora + tory（ところ）」で「働くところ」が原義。「研究所」，「実験室」，「実習」などの意味でよく使われている。日本語でも「ランゲージ・ラボ」などと使う。

　collaborate（西 colaborar）：「con（英語の with に相当）+ laborar（働く）」で，「共同して働く」。con の後ろに l が続くと，col と変化する。名詞形は collaboration（西 colaboración）で，「共同作業」，いわゆる「コラボ」。

　laborar は古語なので，例文は省略。

27.　leer [leér]（読む）

現在分詞は leyendo。

legend（西 leyenda）:「読まれるべきもの」が原義で,「伝説」。このほかに「(地図などの) 凡例（地図などの読み方）」,「(メダル・貨幣などの) 銘」の意味もある。スペイン語では現在分詞 leyendo と語尾が一字違うだけだが,現在分詞の女性形ではない。過去分詞には女性形があるが,現在分詞には女性形はないのである。leyenda の発音は「レジェンダ」に近い。なお,イタリア語の「読む」は leggere で,スペイン語の現在分詞 leyendo に対応する形のイタリア語は leggendo である。

lecture（西 lectura）:　ラテン語「読むこと」に由来。昔の大学の講義は原稿を「読む」,まことに退屈な講義だったらしい。

lesson（西 lección）:　これも lecture と同じく,ラテン語「読むこと」に由来する。かつての日本の語学教育も,もっぱら「読むこと」が中心だったが。

---

leer を使った例文

Lea en voz alta, por favor.
（大きい声で読んでください）

lea は丁寧な命令形。voz は声。alta は「高い,大きい」。por favor は英語に逐語訳すると for favor だが,please の意味。

第2章　動詞（Verbos）　　77

28.　escribir [eskriβír]（書く）

過去分詞は escrito。

scribe：「筆記者」。めったに見ない言葉だが，スペイン語の escribir に一番形が近い。

scribble：「走り書き」，「殴り書き」など。

script：ラテン語「書かれたもの」から。「台本」，「脚本」，「スクリプト」。

P.S.：「追伸」。postscript の略。「post（後ろ，あと）+ script（書く）」。

manuscript（西 manuscrito）：「manu（手）+ script（手で書かれたもの）」から，「手書き」，「原稿」。タイプライターが普及して手書きでなくなっても，やはり「原稿」は manuscript という。「下駄箱」に「下駄」がなくても，「下駄箱」なのと同じである。

describe（西 describir）：「de（下に）+ scribe（書く，写す）」から，「言葉で述べる」，「記述する」などの意。名詞形は description（西 descripción）。

prescribe（西 prescribir）：「pre（前もって）+ scribe（書く）」から，「定める，規定する」の意。さらに，「（薬などを）処方する，処方箋を書く」の意味にもなった。名詞形は prescription（西 prescripción）。最近の病院は薬をくれない。「前もって」薬の名前が「書かれた」処方箋（prescription）を持って，薬局へ行かなけ

ればならない。

---

escribir を使った例文

Antes todo el mundo escribía cartas de amor.
（昔はみんなラブレターを書いたものだ）
Yo no escribo a máquina de escribir.
（私はタイプライターで書かない）［タイプライターは máquina de escribir（書く機械）］

---

29. vender [bendér]（売る）

vend：《正式》「(街頭で花などを) 売り歩く」,「行商をする」,「(不動産を) 売却する」。英語では sell が日常用語である。「マイ・フェア・レディー」"My Fair Lady" のヒロイン, イライザも街角で花を売っていたが, まさにこれが vend である。

ちなみに,「フェア」fair は「金髪」,「色白」のほかに「美しい」という意味などいろいろあるが, スペイン語で「フェア」に聞こえる語は fea で, これは ugly の意味になる。

vending machine（西 máquina vendedora）：「自動販売機」。筆者の勤める某国立大学の自販機コーナーには, 学生や教職員の目につきそうにない高いところに英語で VENDING CORNER と書かれているが,「自動販売機」のことを vending machine ということを知っている学生はあまり多くないようだ。selling machine といってくれれば, 誰にでも分かりそうなものなのだ

が。スペイン語 vender を知ってさえいれば，vending machine など，基本語彙である。

vendor（西 vendedor）：「(不動産などの) 売り手」のほかに，合成語として -vendor（〜売り）として使われる。

peanut vendor：「ピーナツ売り」。ラテンの名曲に「南京豆売り」というのがあり，英語名はこうなっていた。原題のスペイン語は，"El Manicero"。maní は「ピーナツ」。

street vendor：「街頭の物売り」。

vendee：「(不動産などの) 買い手」。vendor の反意語。語尾の -ee は，employee などに現れる「〜される人」（受身）の意。vendee は「売られる，売ってもらう人」で，つまり「買い手」。

vendible：「売ることができる」。非売品なら Not vendible。

vendue：vender に対応するフランス語 vendre の過去分詞（女性単数形）で，「売られる，売られた」が原義。これはアメリカ英語で，「公売，競売」の意。auction と言ってくれれば，よく分かるものを。

---

vender を使った例文

No se vende.（非売品）
［文字どおりには「売られない」］
Se vende coche.（車，売ります）
［売り家には "Se vende" と書いてある］

> Véndame esa foto, por favor.
> (その写真を売ってください)

30. vencer [benθér] (打ち破る，克服する，期限が来る)

　スポーツの試合などで単に「勝った」「負けた」程度なら，英語の gain と同根の ganar を使う。vencer はもっと強い意味である。

　invincible (西 invencible)：「in (反意語) + vencible (打ち負かせる)」で「打ち負かせない」，つまり「無敵」である。スペインの「無敵艦隊」は Invincible Fleet だが，スペイン語は Armada Invencible。ただ，無敵でなかったのはご存知のとおり。

　convince (西 convencer)：「completamente (完全に) + vencer (打ち破る)」から，「確信させる，納得させる」。名詞形は conviction (西 convencimiento)。

　victory (西 victoria)：「勝利」。vencer には vencimiento という名詞形もあるが，「支払期限」や「倒壊」などの意味もある。「勝利」の意味では victoria が一般的。大文字で始める Victoria はもとは，ローマ神話の「勝利の女神」の名前だったが，女性名としても使われる。男性形は Victor (スペイン語形は Víctor)。形容詞形は victorious (西 victorioso)。

> **vencer を使った例文**
>
> Su pasaporte está vencido.
> (あなたのパスポートは期限が切れていますよ)

31. perder [perðér] (失う, 負ける)

英語の lose に相当する。

perdition (西 perdición): perder の名詞形。「(魂の) 永遠の滅亡, 地獄に落ちること」。聖書ぐらいでしかお目にかかりそうにない語。非クリスチャンには無縁の語か。

perdido: perder の過去分詞で lost ということ。ジャズの名曲に "Perdido" というのがあり, 日本語では「パーディド」となっている。英語読みすれば, そうなるのだろうが, これでは意味不明である。lost 同様,「道に迷った」,「負けた」など, 文脈が分からないと意味の特定ができない。

> **perder を使った例文**
>
> Perdí toda mi fortuna en una noche en Las Vegas.
> ((私は) ラスベガスで, 一晩のうちに全財産を失った)

32.　comenzar [komenθár]（始める）

commence：「始める」。一般的には begin なのだが。begin よりずっと堅苦しい語である。「(学位など)を受ける」という意味もある。

commencement（西 comienzo）： commence の名詞形。「開始」の意味だが，「(アメリカの大学の)学位授与式，卒業式，およびその日」の意味もある。Commencement day という言い方もある。「卒業」イコール「社会人としての始まりの日」である。

---
comenzar を使った例文

¿A qué hora comienza la clase?
(授業は何時に始まりますか)

33.　correr [kor̃ér]（走る）

英語では run。「走る」のほかに「(川・水・電気)など流れる」，「時間がたつ」などの意味がある。英語の run には他動詞として「走らせる」の意味があり，転じて「(会社などを)経営する」の意味もあるが，スペイン語にはこのような意味はない（ただし，米国で使われているスペイン語は英語からの直訳用法で，このような意味もある）。

丁寧な命令形は corra で，"Corra, corra"（走れ，走れ）と言われると，叱られているような気がする。

correrの派生語のcorreoは「郵便」の意味の日常用語。飛脚が走り回る(correr)光景が目に浮かぶ。「郵便局」はoficina de correosで,町の中心部にある。日本の至る所にある,小さな郵便局は中南米には筆者の知る限りでは,見当たらなかった。航空便(Air Mail)の封筒にはフランス語でPAR AVIONと書かれているが,スペイン語ではCORREO AEREOで,スペイン語圏で売られている航空便用封筒にはこう書かれている。

course (西 curso): ラテン語「走ること」に由来する,ご存じの「コース」。フランス語形のcours(発音は「クール」)はテレビ業界で用いられる「四半期」を意味する「クール」の語源だとする説もある。

current (西 corriente):「走っている,流れている」が原義で,そこから「(液体や気体などの)流れ」,「傾向,風潮」などの名詞のほかに,「現在の」,「現行の」,「(通貨が)流通している」の意味の形容詞としての用法も派生した。

currency: currentの名詞形。「通貨」,「流通」。

curriculum (西 currículo): ラテン語「走路」から。「履修課程」で,いわゆる「カリキュラム」。

curriculum vitae (西 currículum vitae): ラテン語そのもの。vitaeはvitaの属格。vitaはスペイン語ではvida(英life:vivirの項参照)。course of lifeの意味で「履歴書」。分かりやすい英語ではpersonal history。

courier: フランス語coureur(英runner)に由来する語で,「急

使，特使，密使」などの意味のほかに，最近では「添乗員，ガイド」の意味もある。「〜 Courier」（「〜新報」）として，新聞の名前にも用いられる。

---

correr を使った例文

Este coche corre mucho.
（この車はスピードが出る）[「たくさん走る」が直訳]
El río corre por el centro de la ciudad.
（その川は町の中心を流れている）

---

34. creer [kreér]（思う，信じる）

creer に対応するイタリア語は credere で，もとになるラテン語の credo の d が残っているが，スペイン語では脱落した。英語では believe。

credit（西 crédito）： ラテン語「信じる」から，「信用」，「名声」，「信用貸し（いわゆる，「クレジット」のこと）」。複式簿記の「貸方」（帳簿の右側）。ちなみに，帳簿の左側は 15. deber の項でふれた debit（借方）である。

credible（西 creíble）：「信用できる」。反意語は incredible（西 increíble）で，同義語に unbelievable（最近では「アンビリーヴァボー」と表記されることがあるが，「アンビリーヴァブル」より，こちらのほうが実際の発音に近い）がある。incredible のほうが「驚くべき，途方もない」などのニュアンスが強いようだ。

第2章　動詞（Verbos）

creed（西 credo）：もとは宗教的な言葉だが,「信念, 信条」などの意味で使われる。スペイン語と同形の credo も英語として用いられる。

credence（西 creencia）：「信用」。a letter of credence で「信任状」。Credence Clearwater Revival というロックバンドがあったが, ここの Credence には宗教的な意味合いがあったようだ。

credential（西 credencial）：（複数形で）「信任状」。「資格」,「資格証明書」の意味もある。

credulous（西 crédulo）：「軽々しく信じがちな, だまされやすい」。

---

creer を使った例文

Créame.　［＝Believe me.］
Creo que es una buena idea.（いい考えだと思います）

英訳すると, (I) think that (it) is a good idea. 英語と全く同じ語順だが, かっこの中の主語がスペイン語では省略されている。

35.　pender [pendér]（ぶら下がる）

英語では hang で, 重力により垂直に「ぶらさがる」こと。

pendant：首から「ぶら下げる」ネックレスのようなもので,

「ペンダント」。

pendent：《文語》「ぶらさがった」。正式用語で「未解決の」。

pending（西 pendiente）： こちらが一般的な「未解決の」。最近では「ペンディング」とカタカナ表記されることも多くなった。

pendulous：「(鳥の巣・花などが) ぶら下がっている」。「心がぐらつく」の意も。

pendulum（西 péndulo。péndola という形もある）：「(時計などの) 振り子」。「おじいさんの時計」にある「振り子」。最近は見なくなった。

appendix（西 apéndice）：「虫垂」。虫が垂れ下がっているように見えることから。「虫垂炎」は appendicitis（西 apendicitis）。

depend（西 depender）：「de (下へ) + pender (垂れる)」が原義。pender は「垂直に下へ」だったが，depender は「下のほうへ」で，「垂直に下」でなくてもよい。「もたれかかる」ような感じで，「頼る，依存する」となる。ここから，「〜によって決まる」の意味にもなった。

suspend（西 suspender）：「sus (下に) + pender (ぶら下がる，つるす)」から，「つるす」の意味になった。さらに，「(権利や機能などを) 一時停止する，停職処分を下す」，「保留する」などの意味にもなった。

ズボンをつるすのは suspender（西 suspensores）「ズボンつり」だが，「サスペンダー」のほうがかっこいい。

ナイター設備のない球場や，急な悪天候などで試合続行が不可能になったとき，5 イニング終わっていれば，コールドゲーム (called game。cold game ではない) として扱われるだろうが，そうでないときは，ノーゲームにするか，一時的に試合を停止して，翌日などにゲームの続きを行うことがある。これを suspended game という。

名詞形は suspension (西 suspensión) だが，suspense (スペイン語にも同形の語があるが，英語からの外来語) という名詞もある。いわゆる「サスペンス」だが，これは結果がどうなるか分からない心理的に「宙ぶらりんの状態」のことである。

---

depender を使った例文

pender を使った例文はあまり実用的ではないので，depender を使った例文を 1 つ。

¿Vienes mañana?（明日来るかい？）
Depende.（場合によるよ）

---

36. tender [tendér]（広げる，伸ばす，つるす，掛ける，差し出す，横たえる，〜の傾向がある）

いろいろな意味があるが，最後の「〜の傾向がある」は英語の tend と同じで，何もわざわざスペイン語から類推する必要はさらさらない。それ以外の意味で英語に入り込んでいる語を紹介するが，なじみのある語が多い。

tent:「テント」。こんなわかりきった言葉も実はスペイン語と関連があったのである。原義は「引っ張られたもの」で,受身である。tender の過去分詞は tendido である。tent は動詞としても使われ,過去分詞は tented である。

ところで,tender の丁寧な命令文は tienda「広げてください」である。これはスペイン語では基本語彙である,「店」という名詞にもなっている。日本語の「店」は品物を陳列して,客に「見せる」ことから来ている。一方,スペイン語 tienda の語源だが,かつての商いはテントを張って (tender) 行われていたことに由来する。つまり,スペイン語の「店」tienda と英語の「テント」tent は親戚だったのである。

extend（西 extender）:「ex（外へ）+ tender（伸ばす）」ことから,「拡張する」など。これはスペイン語を知らなくても分かる。

attend（西 atender）:「ラテン語 ad（〜のほうへ）+ tender（伸ばす）」から。肉体的に伸ばせば,「出席する」。心を他人のほうへ伸ばせば,「世話をする」。外界へ心を伸ばせば,「注意する,気を付ける」など。

intend（西 intentar）:「in（〜に向かって）+ tender（差し出す）」から。「企てる」,「〜するつもりである」。

intensive（西 intensivo）: intend の形容詞形。「心を集中する」から,「強い」,「集中的な」。

pretend（西 pretender）:「pre（前に）+ tender（広げる）」から,「口実にする」が原義。「〜のふりをする」のほかに,「偽って主張

する」や否定文で「あえて～しようとしない」の意味もある。

　tension（西 tensión）：「引き伸ばされた」が原義で，「伸長」，「緊張」，「テンション」などの意。形容詞形は tense（西 tenso）。

---

tender を使った例文

　Tienda la ropa.（洗濯物を干して）

　よく女房殿に言われるフレーズ。この場合，tender は「（物干しざおに衣服を）広げる」の意。ropa は英語 robe と語源を同じくするが，単に「衣服」の意。washed の意味は入っていない。

---

atender を使った例文

　¿Le atienden ya?
　（御用命はもう承っておりますでしょうか）

　ここの atender（活用形は atienden）は「（客に対して）対応する」の意で，店員がよく使う決まり文句。le は「あなたに対して」。

37.　**pedir** [peðír]（求める，注文する）

　petition（西 petición）：pedir の名詞形は pedido, pedimento, petición といろいろあるが，英語に入っているのはこれ。「請願，嘆願，申請（書）」，「神に対する祈願」の意。

　repeat（西 repetir）：「re（再び）＋ pedir（求める）」が原義。ス

ペイン語では母音間の無声子音が有声音に変わることはよくある。スペイン語には食事で「おかわりする」という意味があるが,これが本来の意味に近い。英語では「求める」の意味が薄くなり,単に「繰り返す」になった。名詞形は repetition（西 repetición）。

compete（西 competer）:「con（一緒に）+ pedir（求める）」から,「競争する」。さらには「匹敵する」の意味も。

competition（西 competición）: compete の名詞形。「競争」,「競技会」,「コンペ」。競争者は competitor（西 competidor）。

competence（西 competencia）: compete の別の名詞形。「(競争する)能力」ということで,「能力」,「適性」などの意味。

---

pedir を使った例文

Pida Coca Cola.
（コカコーラを注文してください）

町でよく見かける看板。英語では "Drink Coca Cola" となっているが。

---

38. prender [prendér]（捕まえる, 火をつける, など）

英語の get や take のようにいろいろな意味で使われる。

apprehend（西 aprender）: ラテン語「しっかり握る,把握する」から,「捕まえる,逮捕する」。さらに,「(頭の中に)把握する」

ということで,「理解する」,「懸念する」という意味もある。名詞形は apprehension (西 aprensión)。形容詞形は apprehensive (西 aprensivo)。

comprehend (西 comprender):「con (一緒に) + prender (つかむ)」から,「理解する」,「含む」。名詞形は comprehension (西 comprensión) で「理解力」。形容詞形は comprehensive (西 comprensivo) で「包括的」,「理解力のある」。

prison (西 prisión): ラテン語「捕えること」から,「刑務所」。ちなみに, prender に対応するフランス語 prendre の過去分詞は pris で, 受身の「捕えられた」の意味になる。

---

prender を使った例文

Prenda la luz. (明かりをつけて)

---

39. bailar [bailár] (踊る)

英語では dance だが, これと語源を同じくするスペイン語に danzar というのがあるにはある。ただし, 文語で普通には使わない。名詞形は danza で, こちらは「ダンス, 舞踊」という意味であるが, これは気楽なダンスではなく, 伝統舞踊のようなちょっと気取った感じのするダンスである。「ディスコなどへ踊りに行こう」というときは bailar が使われる。名詞形は baile。

ballet:「バレエ」。フランス語で「踊り」を意味する語で, ス

ペイン語の baile に相当する。本来，単なる「踊り」だったのが，英語ではいわゆる「バレエ」になったわけだ。

ballerina：「バレリーナ」。今度はイタリア語に由来する。「バレエ」ダンサーのことであるが，女性に限る。男性形は ballerino だが，英語には入っていないようだ。スペイン語では男性は bailarín，女性は bailarina で，「バレエ」に限らず，どんな種類のダンスでもよい。

ball（西 baile）：「（正式の盛大な）舞踏会，ダンスパーティー」。ディスコや気楽なダンスパーティーは ball ではない。正装していく舞踏会である。「球」を意味する ball はスペイン語では bola である。

ballroom：「（ホテルなどの）舞踊場」。バレーボール，バスケットボールやフットサルなどの室内の球技場の意味ではない。

ball-dress：《英》「舞踏会用の正装」。

---

bailar を使った例文

Bailas muy bien, ¿verdad?（踊りが上手だね）
Para bailar la bamba ....（バンバを踊るためには ....）

ヒット曲「ラ・バンバ」の出だしのフレーズ。「バンバ」はもともとメキシコ，ベラクルス州の民族舞踊。

ほかにもいろいろ紹介したい語があるが，この辺で切り上げよう。

第 3 章

形容詞（Adjetivos）ほか

1. 色

まずは色（color，英語と同形）に関する形容詞から。

(1)　blanco [bláŋko]（白）

black に似ているが，全く逆である。Blanco という姓の野球選手もいる。「白いブランコ」という歌もあった。

blank：「余白」，「白紙」，「空白」，「ブランク」など。

(2)　negro [néɣro]（黒）

英語では差別用語になっているが，スペイン語ではごく普通の言葉。「ネグロ」と発音する。絶対に「ニグロ」と発音してはいけない。

「白」と「黒」を並べて言うとき，たとえば，テレビでは，日本語では「白黒」で「白」が先だが，英語では black and white で「黒」が先。スペイン語では blanco y negro で「白」が先になる。

(3)　azul [aθúl]（青）

blue に相当する。濃い青から薄い青までカバーできる。

azure：「空色」，「《詩》青空」。フランスの有名な観光地 Côte d'Azur（コート・ダジュール）の azur はフランス語形。「紺碧海岸」と訳されているようだが，今ではすっかり「コート・ダジュール」で定着している。

なお，ラピスラズリ（lapis lazuli）という青い宝石があるが，

lazuli の前後が脱落して，スペイン語 azul になったことを付言しておこう。

(4)　celeste [θeléste]（空色）

　これは「空，天国」の意味の cielo がもとになっている。cielo は，白髪染めだか何だかのコマーシャルでよく耳にする言葉である。

　celestial（スペイン語も同形）：これは「空の青」の意味ではなく，「天の」，「天国の」，「天体の」の意味である。名詞としても「天使」の意味で使われる。

(5)　verde [bérðe]（緑）

　サッカーチームの「ヴェルディ」（Verdy）は緑のユニフォームだが，チーム名は verde がもとになっているのが分かるであろう。verde はイタリア語でも同形であるが，複数形はスペイン語では verdes なのに対して，イタリア語では verdi となる。語尾の i を y に変えて，チーム名にしたわけである

　verdure（西 verdura）：《文語・詩》「（草木の）緑，新緑」，転じて「新鮮さ，活力」の意味も。スペイン語の verdura は「緑の食べ物」で，「青物」，「野菜」という意味の日常用語。

　このほかに「みだら，卑猥」という意味もある。日本では「ピンク」がそのイメージだが，スペイン語では「緑」である。"viejo verde" というと「好色な老人」，「狒々オヤジ」のことで，交通安全の「緑のおばさん」ならぬ，「緑のじいさん」ではない。

　形容詞形は verdurous で，英語では，やはり文語。

(6) amarillo [amaríʎo]（黄色）

　これは英語の一般語彙には入っていない。アメリカはテキサス州の都市 Amarillo に見られるだけであるが，この町は結構大きい。名曲 "Route 66" にも歌われている。英語の発音は「アマリロ」。

　その他の色（「赤」など）は省略。

2. 良し悪し

(1) bueno [bwéno]（いい，good に相当）

　絶対最上級形は óptimo。スペイン語では o の上にアクセントが来ると，[ue] というように発音が変化することがあるが，これもその一例である。本来の形は bono であった。

　bonus： bueno のラテン語形。やっぱり，もらうとうれしい「いい」ものである。

　bonfire：「（祝いの）かがり火」。good fire の意。転じて，単に「野外のたき火」にも。

　bonbon：「ボンボン，糖菓」。直訳英語は goodgood。フランス語の bon から入った。「甘い」ものは「うまい」（good の意味もある）のである。

　bonito（スペイン語も同形）： 魚の「カツオ」。bueno に縮小辞（「かわいい」という気持ちを付加する）をつけると，buenito だが，アクセントが i の上に来るので，[ue] の音が本来の [o] に戻り，

bonito になる。「きれい」という意味だが, 「カツオ」への転義は体色の「美しさ」からという説がある。

bonanza： これはスペイン語をそのまま取り入れた語。good luck の意味で, 英語では「大当たり, 大儲け」の意味で使われているが, スペイン語では「凪, 快晴, 繁栄」と並んで, 「豊かな鉱脈」の意味がある。英語では最後の「豊かな鉱脈」にあたって「大儲け」ということだろう。大昔, 「ボナンザ」というテレビ西部劇があった。

bueno の副詞形は bien だが, 英語には元のラテン語の bene- という接頭辞として入っている。

benediction, 人名の Benedict については, 第2章「動詞」21. decir の項で触れた。

benefaction：「bene（いい）＋ fac（する）＋ tion（名詞化語尾）」で, 「いいことをする」で, 「善行」, 「施し物」, 「寄付金」。同義語に beneficence がある。語中の fic は fac の変化形。「恩恵を施す人」, 「恩人」, 「後援者」は benefactor。

benefit（西 beneficio）： ラテン語「よいことをする」から, 「利益」, 「給付」などの意。

benign（西 benigno）：「優しい」, 「慈悲深い」, 「温和な」, 「幸運な」。Benigno は男子名としても使われる。

benevolent（西 benevolente）：「bene ＋ volent（意志）」で「好意」。ここから, 「やさしい, 情け深い」, 「博愛の」などの意味になった。

-volent の vol は volunteer の vol と同じ。強制ではなく，自由「意志」で行うのがボランティアである。英語の volunteer は徴兵された兵士ではなく，「志願兵，義勇兵」の意味もある。vol は will にも通じているのである。

ちなみに，ハリー・ポッターに出てくる「ヴォルデモート卿」(Lord Voldemort) は vol + de + mort に分解できる。これはフランス語そのもので，vol は「飛翔」(スペイン語では vuelo)，de はスペイン語と同じ of の意味で，mort は死 muerte のフランス語形である。つまり「死の飛翔」ということだが，「死の意志（スペイン語では voluntad)」という意味合いも感じられるのである。

bueno と bien の絶対最上級形は óptimo で，「最上の，最良の，最高の，極上の」。

optimism（西 optimismo）:「オプティミズム」，「楽天主義」。optimist（西 optimista），optimistic などの派生語もできた。

(2) malo [málo]（悪い）

副詞形は mal，絶対最上級は pésimo。

malady:《正式》「(社会の)弊害」。《古》「(特に慢性的な)病気」。フランス語は maladie。

malaise:《正式》「(病気の前兆の)不快感」，「不安感」。

malaria（スペイン語も同形）:「マラリア」。イタリア語「mala + aria（空気）」で「悪い空気」，特に，沼沢地の「毒気」の意味。かつては沼沢地の毒気によって起こると考えられていた。「空気」

はスペイン語では aire。

malcontent(西 malcontento):「mal (悪く) + content (満足している)」で,「不平分子」,「反抗者」。

malefaction:「male (悪い) + fac (作る, する) + tion (名詞化語尾)」。「悪いことをすること」から,「悪事, 犯罪」。

maleficent(西 maleficiente):「male (悪い) + fic (する) + ent (形容詞語尾)」。「有害な」。反意語は beneficent。

malevolent(西 malévolo):「悪意のある」。前述の benevolent の反意語。

malformation(西 malformación):「mal (悪い) + formation (形成)」から,「不恰好(なもの)」,「奇形」。

malfunction:「mal + function (機能)」で,「うまく機能しないこと」。「(機械などの) 不調, 故障」。クリント・イーストウッド監督・主演の映画「ファイヤーフォックス」の戦闘機の操縦パネルにこの語が出ていたシーンを思い出す。

malice(西 malicia):「悪意, 敵意, 恨み」など。形容詞は malicious (西 malicioso)。

malignant:「悪意[敵意]のある」,「きわめて有害な」,「《医学用語》悪性の」。

malign(西 maligno): 上の malignant と同義だが, malignant のほうが普通。benign の反意語。

mal（悪い）とは関係ないが，MalawiやMalaysia（スペイン語ではMalasia）やMaldives（モルジブ），Maltaなどの国はスペイン語圏ではイメージが悪いことだろう。アメリカ西海岸のレコード会社にMalaというのがあったが，スペイン語に由来しているのだろうか。英語のbadは黒人のスラングでは「すばらしい，いかす」という意味で使われているが。また，"I need you so bad"「とてもお前が必要なんだ」のような用法もある。スペイン語のmal, maloにはこのような用法はないはずだが，アメリカのヒスパニックの間ではSpanglishなるものがあり，ひょっとしたら，英語の影響でこんな用法があるかもしれない。

　絶対最上級はpésimoで，「最低の，最悪の」。

pessimism（西 pesimismo）：「悲観主義，厭世主義」。pessimist（西 pesimista），pessimisticなどが派生。

3. 難・易

(1)　fácil [fáθil]（易しい，気楽な，気さくな）

　easyに相当。語幹がfac-であることから動詞hacerとの関連をうかがわせるが，確かにそのとおりで，「なしうる」が原義である。

facile：《文語》普通にはeasyでよい。

facilitate（西 facilitar）：　facileの動詞形で，「容易にする」，「促進[助長]する」の意。facilitationという名詞形は「便利化」という抽象名詞。

facility（西 facilidad）： 複数形 facilities は「設備，施設」の意味でよく使われている。「なしうる」から「能力，才能」の意味にもなる。なお，スペイン語には「設備，施設」の意味はない。

faculty（西 facultad）： facility との関連で，「能力」，「機能」の意味。このほかに「(大学の) 学部」，「教授団」，「大学の全教職員」などの意味でも用いられる。これは「機能」の意味が発展したものだろう。

(2)　difícil [difíθil]（難しい，difficult）

fácil の反意語。成り立ちは「di（反意語の接頭辞，英語の dis- に通じる）+ fácil」で，difácil となるが，母音が変化して i になり，difícil。difficult は英語でも基本語彙なので，あえてスペイン語と関連付ける必要もない。

4. 高・低

(1)　alto [álto]（(高さや標高が) 高い）

スペイン語圏では Alto という標識を目にするが，この場合は「高い」の意味ではなく，英語の halt に相当する。stop のことであるが，軍事施設などに書かれていることが多いようだ。意味が分からなくても，そう簡単には突っ切れない様子なので，たいていの人は止まるだろう。軽自動車の名前にもなっているが，スペイン語圏に輸出するときは，名前を変える必要があるだろう。ただ，軽自動車は中南米ではほとんど見かけなかったが。

音楽用語の alto「アルト」(イタリア語に由来。つづりも発音もスペ

イン語と同じ）は soprano「ソプラノ」（高音の女声）に対して,「低音の女声」で,「高い」というより「低い」イメージがあるのではないだろうか。それでも，高音の男声よりはやっぱり「高い」のである。

altitude（西 altitud）： alto の名詞形で「高さ，標高，高度」。日常生活の範囲での「高さ」（たとえば，身長）は height でよいが，かなりの高さの山の「標高」や飛行機の「高度」は altitude である。

altimeter（西 altímetro）：「高度計」。altitude を測る器械である。飛行機の操縦席に必ずついている。

(2)   bajo [báxo]（低い）

alto の反意語。英語の base や bass と語源を同じくする。base, basement, basic, basis などの基本語彙の解説に，あえてスペイン語を持ち出すほどのことはない。ところで，米国のカリフォルニア州の南にあるカリフォルニア半島（メキシコ領）は Baja California と呼ばれるが，地図で見るとカリフォルニア州の「下」にあるからである。Baja と女性形になっているのは California が女性名詞だからである。英語では California のほうを省略して，単に Baja と呼ぶことも多い。

5. 大・小

(1)   grande [gránde]（大きい，偉大な）

これは英語の grand を容易に連想できる。スペイン語には

第3章 形容詞（Adjetivos）ほか　　103

largo という形容詞もあり，英語の large を連想させるが，「大きい」ではなく，「長い」，「遠い」である。

grandeur：　grand の名詞形で「雄大，壮大」，「豪華」，「威厳」など。

(2)　chico [tʃíko]　（小さい）

grande の反意語。pequeño という語もあり，これも日常用語だが，英語には入っていない。

chicken：　chicken の語源は古期英語「小さな雄鶏」で，「小さい」と chico が意味の上ではスペイン語と関連がありそうに見えるが，偶然のようだ。

chicken は「鶏肉，チキン」の意味ですっかり日本語に定着したが，「ひよこ」，そこから派生した「子供，小娘，若い女」，さらには「臆病者」の意味まである。「臆病者」も「チキン・レース」でだいぶ有名になった。「ひよこ，チキン」に相当するスペイン語は pollo で，英語とは全然違う。

chicken の省略形 chick は「ひよこ」，「子供」，「小娘」，「ガールフレンド」などの意味で使われるが，「鶏肉」の意味はない。アメリカのジャズピアニストに Chick Corea という人がいるが，男（1941 年生まれなので，もう，いいじいさんである）のくせに何で Chick なのか。童顔だったからだろうか。Chico Hamilton というジャズドラマーもいるが，小柄だからだろうか。

"¡Oye, chico!"（おい，君）のように呼びかけにも使われる。chico の語は米国南西部の英語にも入りこんでいるが，「子ども，アカザの類の低木」という意味になっている。

6. 明・暗

(1) claro [kláro]（明るい，はっきりした，色が薄い，明白な）

英語の clear に相当。語形が似ているので，容易に意味が類推できるだろう。女性形は clara で「卵の白身」という意味もある。Clara と大文字で書くと，ハイジのお友達で有名な女性名「クララ」になる。英語では Clare だが，これは男女兼用の名前。

clarify（西 clarificar）:「claro（明確な）＋ fy（する）」で，「（意味などを）はっきり説明する」，「明白になる」，「（液体などを）浄化する」の意味になる。名詞形は clarification（西 clarificación）。clarity（西 claridad）という名詞形もあり，こちらは「（文章などの）明晰さ」，「（音色の）清澄」，「（液体の）透明さ」の意。

clarinet（西 clarinete）:「クラリネット」。「明るい，澄んだ」音色の高音の楽器の意。

clarion:「明快」な響き渡る音色を持つ昔のラッパ「クラリオン」。車載音響機器メーカーの社名としても用いられている。事業仕分けで有名な某女性議員も，この会社のキャンペーンガール「クラリオンガール」だったことがある。

clairvoyance（西 clarividente）:「clear-seeing」の意味のフランス語から，「千里眼」。転じて，「鋭い洞察力」の意味も。claro のフランス語形は clair。女性形は claire で，Claire と大文字で書くと女性名になる。Clara のフランス語形である。

(2) oscuro [oskúro]（暗い，地味な，あいまいな，無名の）

claro の反意語。英語形は obscure で，意味もスペイン語とだいたい同じ。名詞形は obscurity（西 oscuridad）で「暗さ，不明瞭，無名，低い身分」など。動詞形は obscuration（あいまいにすること，暗黒化）。

前述の claro のイタリア語形 chiaro（「キアロ」と発音）と組み合わせて，chiaroscuro という語ができる。「明暗」ということだが，「（絵画の）明暗の配合」という美術の専門用語である。

7. 味

(1) crudo [krúðo]（生の）

「血まみれの」が原義。

crude：「天然のままの」，「加工していない」，「未熟な」，「粗野な」などの意味で，「生」とはややニュアンスが異なる。「生」は日常用語では raw。crude oil で「原油」だが，単に crude ということもある。新聞の見出しでは大体 crude だけである。

crudity（西 crudeza）： crude の名詞形。「未熟」，「生硬」，「粗雑」など。

cruel（スペイン語も同形）：「残酷な」だが，もとは「生の」，「粗暴な」の意。名詞形は cruelty（西 crueldad）。

(2) dulce [dúlθe]（甘い）

sweet に相当。「血まみれ」のあとの口直しに，「甘い」ものを。

dulce が英語の一般用語に入り込んでいる例はほとんどないが, Don Quixote があこがれた田舎娘の名前は Dulcinea で, dulce (sweet, かわいい, いとしい) が入っている。転じて,「理想の恋人」の意味にもなった。

(3)　salado [saláðo]（しょっぱい）

　dulce とくれば, 次は salado だろう。これは動詞 salar (「塩を振りかける」,「塩漬けする」など) の過去分詞である。さらに salar のもとの名詞は sal（塩）で, 英語の salt と同根である。

　ラテンアメリカでは「運の悪い」という意味でもよく使われている。例：¡Qué salado!（アンラッキー！, 何てこった）

salad（西 ensalada）: salado を女性形にすれば salada で,「サラダ」(salad) の意味かと思うが, ちょっと違う。「サラダ」はスペイン語では ensalada である。「サラダ」の語源は想像どおり,「塩を振りかけた, 塩漬けされた」の意味である。

salary（西 salario）:「賃金」,「サラリー」。古代ローマでは兵士の給与は「塩を買うため」の金という名目だったことに由来するのは有名な話である。

saliferous:《地質学》「(地層など) 塩分を含んだ」。

salify:《化学》「塩化する」。

saline:「塩分を含んだ」,「塩気のある」,「塩辛い」。a saline lake（塩湖）。

sauce（西 salsa）:「塩漬けの食べ物」が原義。「ソース」。スペ

イン語の salsa はラテン音楽の「サルサ」の意味も。アメリカでは「生意気」という意味もあり、そこから形容詞 saucy が派生。意味は「生意気な、こしゃくな」、「気の利いた、しゃれた、セクシーな」のほかに、まれに「快活な」の意味もある。「ソース」をかけたら、そんな感じがするのだろうか。

saucer:「皿」。古期フランス語から。もとは「ソースを入れるもの」の意味だった。確かに、昔のフランスのソース入れはコーヒーまたは紅茶カップと皿が一体になっているような形である。この、上部のカップの部分を切り離せば、「皿」のようなものができあがる。

写真:フランスのアンティーク・ソース入れ

ところで、昔は「空飛ぶ円盤」という言葉があったが、UFO (Unidentified Flying Object, スペイン語では OVNI, Objeto Volante [Volador] No Identificado) には円盤型以外のものもあるので、「空飛ぶ円盤」という言葉はすっかり聞かれなくなってしまった。「空飛ぶ円盤」は英語では flying saucer という。直訳は「空飛ぶ皿」であるが、もとは「空飛ぶソース入れ」だったわけだ。塩分取りすぎの高血圧の老宇宙人をつい想像してしまう。

sausage(西 salchicha, salchichón):「ソーセージ」。ラテン語「塩漬けの食べ物」の意から。豚のミンチの腸詰のことだが,味付けは「塩」である。であるから,高血圧の方はソーセージにソースをかけたりするのはもってのほかである。

salami:「サラミソーセージ」。語源はイタリア語の salare(塩)。普通のソーセージより堅くて,「塩辛い」。

(4)　**agrio** [áɣrio]（すっぱい）

同義語に ácido があるが,これは英語と形が近いので,あえて取り上げることもないだろう。「酢豚」は英語では sweet sour pork というが,スペイン語では sweet sour のところは agridulce と一語で言う。全体では cerdo agridulce。

vinegar（西 vinagre）:「酢」。「vino（ワイン）＋ agrio（酸っぱい）」で,「酸っぱいワイン」が原義。英語にはフランス語から入ったようだ。スペイン語では「酢」一般のほかに,特に「ワインビネガー」を指す。しかし,考えてみると,「ワインビネガー」というのは変な言葉である。wine（vino）vinegar（vino agrio）で「ワイン」が 2 回出てくる。

イエス・キリストが十字架上で,「酸っぱいワイン」を水の代わりに与えられたとかいう一節が聖書にあるが,「酸っぱいワイン」なのか,「酢」だったのか,判然としない。「酢」も「酒」も字形が似ていることから分かるように,酒の醸造が始められた時期と,酢の醸造が始められた時期は大体同じだったらしい。紀元前5000 年には始まっていたようだ。「酸っぱいワイン」と「酢」の

違いは，アルコール分の有無ということだろうか。

　形容詞形は vinegary「酢のような，酸っぱい」のほかに，「怒りっぽい，気難しい，意地悪い」という意味もある。確かにすっぱいものを口に入れたら，そんな顔になる。

8. 遠・近

(1)　cerca [θérka]（近い）

　Mi casa está cerca de la estación del ferrocarril.（私の家は鉄道の駅に近い）というような日常会話によく出てくる文に用いられる，基本語彙である。

　これが英語に入ると，ものものしい感じの語になる。

circa：　ラテン語そのもので，「～年ごろ」の意味で使われる。about でもいいのだが，歴史の教科書や論文，学術書では circa としないと格好がつかないのかも。ca., cir. などと略されることもある。

(2)　vecino [beθíno]（隣の，近所の）

　neighboring に相当する日常用語。「隣人」(neighbor) という意味もある。

　vicinity（西 vecindad）：「近所」。neighborhood より硬い語で，通例広い範囲をいう。

　vicinage：《やや古語》「近所」，「近所の人々」。

　vicinal：《正式》「近所の，近隣の」，「(主に道路が) 一地方に限

られた，ローカルの」など。

9. はやい・おそい

(1) veloz [belóθ]（スピードが速い）

「速い」,「素早い」の意味の日常用語である。反意語の lento は，英語には音楽用語（allegro「早い」の反意語）として取り入れられている。

velocity（西 velocidad）： veloz の名詞形。「スピード」。英語では speed より形式ばった語である。物理学では「速度」は speed ではなく，velocity が使われる。

スペイン語圏では，街中でよく目にする語である。"Reduzca la velocidad"（スピード落とせ）という標識をよく見かける。英語では "Slow down" である。中南米でも制限速度はあるが，日本のように，実勢速度が制限速度の 20～30 キロオーバーなどというばかげたことはない。制限速度を超えると，スピードが出すぎていると筆者は感じる。

(2) tarde [tárðe]（遅い，late）

Buenas Tardes（こんにちは）に使われる tarde は「午後，夕方」の意味とともに「遅く，遅れて」という副詞用法もある。ラテンアメリカではパーティーに遅刻するのは当たり前で，遅れて行っても「遅い！」（¡Muy tarde!）と言って叱られることはない。

tardy（西 tarde）：「(動きの) のろい，遅い，遅ればせの」,「遅刻した」。late と違って，こちらは日常用語とは言い難い。しか

つめらしい感じがする。明治維新のころ，イギリスへ郵便事情を視察に出かけた使節団が街角で車体に「T」と書かれた郵便馬車を見て，「ああ，これが郵便のことか」と勘違いして，「T」を郵便（局）を表すマークにしたが，あとで「遅配」(tardy) の意味だと気付いて，急きょ「T」の上にもう一本棒を書き加えて，「〒」にしたという話もある。真偽のほどは定かではないが，「逓信省」の「テ」を図案化したというもっともらしい説明もある。

retard（西 retardo）：「速度を減ずる，遅らせる，妨害する」，「遅延」など。

retardation（西 retardo）：「遅延，妨害」，「知能発達の遅れ」など。mental retardation で《心理学》「精神遅滞」（かつては，「知恵遅れ」と言っていたが，今では差別用語になっているようだ）。

10. 寒暑・冷熱

(1) caliente [kaljénte]（暑い，熱い）

名詞形は calor。「今日は暑い」は，英語では "It is hot today" と形容詞を使うが，スペイン語では "Hace calor hoy" と名詞を使う。また，英語のわけの分からない主語 it に相当する語はスペイン語では言わなくてもよい。直訳英語だと，"(It) makes heat today" となる。

caliente の親類の言葉に cálido（暑い）という語もある。California の語源は「cálida + fornax(スペイン語では horno，窯，炉)」，または，caliente fornalia,「熱い炉 (hot furnace)」との説もあるが，このほかにも諸説あって，はっきりしない。

アメリカのカリフォルニアはそんなに暑いとは思えないが，メキシコ領の Baja California は結構暑いのかも。

calorie, calory（西 caloría）：「カロリー」。「熱量」とかつては訳していたものだ。

calorific（西 calorífico）：「熱の，熱を生じる，熱に関する」，「人を太らせるような」。

calorimeter（西 calorímetro）：「熱量計」,「カロリーメーター」。

calorimetry（西 calorimetría）：「熱量測定（法）」。

(2)　frío [frío]（寒い，冷たい）

これは名詞としては「寒さ，寒気」，「風邪」の意味を持つ。また，形容詞としても「寒い，冷たい」の意味で使える。「今日は寒い」は "Hace frío hoy" でよい。

frigid（西 frígido）：「寒冷な，極寒の」,「冷淡な」,「女性の性的不感症」。スペイン語の frígido は現在では「女性の性的不感症」の意味でしか使われていない。「冷たい」の意味では frío に取って代わられた。

refrigerate（西 refrigerar）：「re（再び）+ frigid（冷たい）+ rate（動詞化語尾）」で,「冷やす，冷凍する」。名詞形は refrigeration（西 refrigeración）「冷凍保存，冷却」。「冷やして保存する」機械が refrigerator（西 refrigerador，女性形の refrigeradora を使う地域もある）「冷蔵庫」。television が英語では TV，日本語では「テレビ」，ス

ペイン語では tele と省略されたように,「冷蔵庫」もスペイン語では refri と省略される。

ホテルのシャワーの表示は温水が H (hot), 冷水が C (cold) なのは英語圏では常識だが, スペイン語圏では(フランス語圏も), 温水が C (caliente), 冷水が F (frío) となる。しかしながら, シャワー設備をアメリカから輸入していたりすると, 英語のままになっている。シャワーを浴びるときは, C だけ見て判断してはいけない。C の相棒が H か, F かによって判断しなければならないのである。

11. その他

(1)　otro [ótro] (他の)

コンサートでアンコールを要求するとき, "otra, otra" と言う。otra のあとに canción (歌) が省略されているので, otro ではなく, 女性形の otra となる。otro はフランス語では autre, イタリア語では altro である。

alter (西 alterar):「他のものにする」が原義。「作り変える, 改造する, 改める」など。名詞形は alteration (西 alteración)。

altercate (西 altercar):「~と口論する」。「互いに」言い合うこと。名詞形は altercation (西 altercación)。

alternate (西 alternar):「他の (alter) ものを持つ」が原義。「交互に起こる[現れる]」,「1 つおきの, 互い違いの」。名詞形は alternation (西 alternación)。

alternative（西 alternativo）:「どちらか1つの」,「二者択一の」。カタカナで「オールタナティブ」と書かれることもある。

alternating:「(電気) 交流の」。

alternator（西 alternador）:「交流(発電)機」。

(2) ambos, ambas [ámbos, ámbas]（both）

「両方(の)」の意味で，形容詞としても，名詞としても使われる。-os のほうが男性形で，-as のほうが女性形である。たとえば，両手は ambas manos である。英語には ambi- という接頭辞で入っている。

ambiguous（西 ambiguo）:「両義にとれる」が原義。転じて，「多義の」,「あいまいな」の意も。名詞形は ambiguity（西 ambigüedad）。

ambivalent（西 ambivalente）:「両方の (ambi) + 価値 (valor)」から，《心理学》「両価的な」,「相反する感情[態度，意味，価値，など]を持つ」,「流動的な，あいまいな」。いわゆる「アンビヴァレント」。名詞形は ambivalence（西 ambivalencia）。

ambidexterous（西 ambidextro）:「ambi（両方）+ dexterous（器用な）」が原義で,「両手利き」。転じて,「非常に器用な」, さらには「二心がある」の意も。名詞形は ambidexterity。

ちなみに,「右左」は一般用語では right と left だが, dexter（右）と sinister（左）というラテン語由来の語もある。ほとんどの人の利き腕は「右」なので，そこから dexter の派生形 dexterous

は「器用な」という意味で用いられるようになった。英語には，Dexter という男子名もある。一方，「左」sinister はヨーロッパでは不吉であると考えられていたので，英語でも sinister は「不吉」という意味で用いられる。ただし，「左」の意味はない。そういえば，「右」の right には「正しい」という意味もある。left には「不吉」の意味はないが，「弱い，価値のない」という意味の古期英語から来ている。

　世界的に見ると，だいたい「右」のほうが上位だが，東アジアには，「左」のほうが「右」より上という考え方もある。訓読みする場合は「右左」だが，音読みするときは「左右」で「左」が先。また，「左大臣」のほうが「右大臣」よりも位が上である。

ambassador（西 embajador）：「大使」。これなども，「2つの国」(ambas naciones) の間のメッセンジャーのようなものだから，ambos (ambas) に関係がありそうだが，語源的にはもうひとつはっきりしない。ラテン系だけではなく，ゲルマン系やケルト系の語とも関連がありそうである。スペイン語との語呂合わせでもいいかと思って取り上げた。なお，「大使館」embassy はスペイン語では embajada。

第4章

名詞（Sustantivos）ほか

星の数ほどある名詞の中からスペイン語の基本語彙で，対応する英語の語形が違うものを選ぶが，選から漏れる語が多くあることはご了承願いたい。

1. 身体部位

(1) cuerpo [kwérpo]（肉体，死体，身体，物体，胴体，集団など）

本来は体全体を指す「肉体」の意。corp- という形で英語に入っている。

corpse：「死体，死骸」。

corps：[kɔ́ːr] 発音注意。「軍団」，「部隊」。diplomatic corps で「外交団」。米海兵隊は U.S. Marine Corps。米国国際協力ボランティアは Peace Corps（平和部隊）。

corporal：「肉体の」の意の形容詞。corporal punishment（体刑，主に鞭打ち）。

corpulent：「でぶでぶ太った」。

Corpus Christi：「キリストの肉体」が原義。「復活祭」（春分の日のあとの最初の満月の次の日曜日が Easter Sunday）から数えて 60 日以後の木曜日に行われる「キリスト聖体節」。カトリック圏では重要な祭りらしいが，日本人にはなじみがない。

第4章 名詞（Sustantivos）ほか　119

(2)　cabeza [kaβéθa]（頭）

母音間の無声子音はスペイン語の基本語彙では有声音に変わることがあるが，これもそのひとつ。英語には cap- という形で入っている。

capital：「首都」。日本語では「首」は「頭」の意味にもなる。「資本」の意味もあるが，事業を始めるにあたっての「頭金」ということ。capital sentence で「死刑宣告」だが，昔の死刑は「首切り」の刑だったから。

cabbage：古期フランス語「頭部」から。確かにキャベツは「頭」に似ている。

(3)　mano [máno]（手）

これは英語にたくさん入っている。第 2 章「動詞」の項 17. tener に関連して，maintain（西 mantener）でも触れたが，「手入れする」とういことで，「維持，保守」の例がある。

manual（スペイン語も同形）：mano の形容詞形。「手の」が原義で，「手動」。「マニュアル」は「手引き書」。

manufacture（西 manufactura）：「大規模な製造業」。第 2 章「動詞」の項 20. hacer で触れた。

manuscript（西 manuscrito）：「原稿」。第 2 章「動詞」の項 28. escribir で触れた。

manner（西 manera）：「方法，やり方」，「マナー」。「種類」という意味もある。「作法」は本来「手」の動かし方，使い方に関す

るものだったのである。

maneuver（西 maniobra）:「手で仕事する」が原義だが，英語ではもっぱら軍事用語として使われる。「機動作戦」,「大演習」,「巧みな操縦」など。

manage（西 manejar）:「手で扱う，操作する」,「手で馬を訓練する」が原義。「経営する」,「どうにかして〜する」。現在では，馬が車に変わったのに伴い，スペイン語の manejar は「車を運転する」という意味になる。目的語に「車」をつける必要はない。

manicure（西 manicura）:「手（mano）の手入れ（curar）」から，「マニキュア」。

manipulate（西 manipular）:「手で巧みに扱う」から,「(機械を) 操作する」,「(世論を) 操作する」,「(帳簿などを) 小細工する」。

manifest（西 manifiesto）:「手で殴られた」が原義。殴られて，目が覚めて,「はっきり分かる」の意味になった。形容詞としては「明白な」。動詞としては「明らかにする，表明する」などの意味。

manifesto（西 manifiesto）: イタリア語から。「政党などの宣言，声明」という意味だが，日本では，将来「インチキ，イカサマ，誇大広告」などの意味になるかもしれない。語源は上記 manifest と同じで，「手で殴られた」が原義だが，妙に頷ける。

(4) pie [pjé]（足）

英語の pie（パイ）とは関係ない。フランス語では pied（語尾の d

は読まない），イタリア語では piede で，英語には ped- という形で入っている。なんと，メジャーリーグに Pie という姓の選手がいた。

pedal（スペイン語も同形）：「踏み板」，「ペダル」。自転車の「足」を置く部分だから。

pedate：《動物学》「足のある」，《植物学》「（葉が）鳥足状の」。

pedestal（スペイン語も同形）：「（円柱，胸像などの）台座」。

pedestrian（西 pedestre，ただし，形容詞）：「徒歩で」の意味から，「歩行者」。この語は町でよく目にする。walker でもよさそうなものだが，そうは言ってくれない。a pedestrian crossing で「横断歩道」だが，簡単に Ped Crossing，さらには Ped Xing などと書かれることがある。

pedicure（西 pedicura）：「マニキュア」は「手」にするものだが，こちらは「足」にするもの。スペイン語の pedicura は「（うおのめ・たこなどの）治療」の意。

pedometer：「足 + meter」で，「歩数計」，「万歩計」。ちなみに，英語の fart（あえて訳さない。辞書を引いてください）に相当するスペイン語は pedo だが，もちろん pedos の回数や臭気を計測する機器ではない。

pedigree（スペイン語も同形。ただし，英語から借用。pedigrí ともつづる）：中期フランス語「ツルの脚」から。系図をツルの脚に見立てたところから，「系図」，「家系」，「（動物の）血統」。さらには

「(動物の) 純血種」の意味も。ペットフードのブランド名になっているようだが。

expedition（西 expedición）：「遠征(隊)，探検(隊)」。動詞は expedite で「足を（足かせから）外す」が原義。そこから「遠征，探検隊」に転義。

expeditious： expedite の形容詞形。「探検の」の意味ではなく，「急速な，迅速な」の意。

(5)　**ojo** [óxo]（目）

　英語の eye の2つの e が目を，y が鼻を表しているように見えるのと同じく，スペイン語では2つの o が目を，j が鼻を表しているように見える。

　¡Ojos! はいたるところで，よく見かける。直訳英語では Eyes! だが，「注意して見よ」ということである。イタリア語の「目」は occhio で [k] 音が現れる。スペイン語の j は日本語の「ハ」行音より強い音で，[k] に近く聞こえる。ただし，中南米では日本語の「ハ」行と大体同じ。ojo の形容詞形などでは本来の [k] 音が残っている。

ocular（スペイン語も同形）： ojo の形容詞形。「目の」，「目による」，「視覚による」。

oculist（西 oculista）：「眼科医」。

binocular（スペイン語も同形）：「bi（ギリシャ語由来，2を表す）+ ocular（目）」で，「双眼鏡」（通例複数形）。

monocular:「mono（1を表す）+ ocular（目）」。「単眼（用）の」。

monocle（西 monóculo）:「単眼鏡」,「片メガネ」。シャーロック・ホームズが使っていそうな, 片目用のメガネ。

(6) diente [djénte]（歯）

スパゲッティの「アル・デンテ」（歯ごたえがある, al dente）で有名になったが, これはイタリア語で, スペイン語では al diente となる。

dentist（西 dentista）:「歯科医」。

denture:「総入れ歯」。通例複数形。

dandelion（西 diente de león）:「タンポポ」。古期フランス語から。「ライオンの歯」が原義。タンポポの葉の形がライオンの歯に似ていたからだとか。

odontology（西 odontología）:「歯科学」,「歯科医術」の意味。odonto- は「歯」の意を表す造語要素で, ギリシャ語に由来する。スペイン語の diente とも語源的には関連がある。恐竜の「～ドン」の「ドン」は「歯」の意味。

(7) labio [láβio]（唇）

上下にひとつずつあるので, 通例, 複数形 labios となる。lips に相当する日常用語である。

labial（英語も同じ）:《解剖学》「唇の」,《音声学》「唇音（の）」（[m], [b], [p], [f], [v] など）。

labio-dental：《音声学》「唇歯音」（[f], [v] など）。

bilabial：「bi (2) + labial（唇）」。《音声学》「両唇音」（[p], [b], [m] など）。

(8)　**cerebro** [θeréβro]（脳）
brain に相当する，日常用語。

cerebrum（西 cerebro）：　ラテン語形。《解剖学》「大脳，脳」。

cerebral（スペイン語も同形）：　cerebro の形容詞形。《解剖学》「大脳の，脳の」。「知的な」の意味も。

cerebellum：《解剖学》「小脳」。

cerebrate：「頭脳を使う」,「考える」。celebrate に似ているが，違う。

cerebrospinal：《解剖学》「脳脊髄の」。

(9)　**brazo** [bráθo]（腕）
arm に相当する部位。

bracelet（西 brazalete）：「ブレスレット」。手首にはめる人が多いが，上腕部にしてもよい。とにかく「腕輪」である。

embrace（西 abrazar）：「em（中へ）+ brazo（腕）」で，「腕の中へ入れる」ことから，「（人を）抱きしめる」。転じて，心の中に「抱きしめる」ということで，「（教義などを）奉じる，信奉する」，「取り巻く」などの意味にもなった。

(10)　corazón [koraθón]（心臓，heart）

　1950年代に「メロンの気持ち」という歌が大ヒットした。原題は "Corazón de Melón" で、ほぼ忠実に訳している。英語のheart同様、内臓としての「心臓」のほかに、「心」、「勇気」や「中枢」の意味がある。"de mi corazón"（of my heart）は英語のdearの意味の呼びかけにも使われる。フィリピンの大統領にCorazón Aquinoという女性がいた。愛称はCoryだったが。

　フランス語形はcœur。

courage（西 coraje）：「心の状態」が原義で、「芯の強さ」を表すところから、「勇気」。形容詞形はcourageous。

cardiac（西 cardíaco）： cardi(o)- は「心臓」を表す接頭辞。「心臓(病)の」、「心臓病患者」、「強心剤」。

cardiology（西 cardiología）：「心臓(病)学」。

cardiogram（西 cardiograma）：「心電図」。cardiographは「心電計」。

cordate：「心臓形の」。

cordial（スペイン語も同形）：「心からの」。副詞形cordially（西 cordialmente）は手紙の結び文句，"Cordially Yours" でよく知られているだろう。名詞形はcordiality（西 cordialidad）「真心，思いやりのある言動」。

core（西 corazón）：「芯，核心，コア」。ラテン語 cor（心，心臓）から。イタリア語のナポリ方言で「心」の意味の語も core で、ナ

ポリ方言のカンツォーネの名曲に "Anema e Core"(「魂と心」の意)というのがある。標準のイタリア語では "Anima e Cuore"。スペイン語では "Anima y Corazón"。英訳すると "Soul and Heart" だが，語順を逆にした "Heart and Soul" というオールディーズ・ナンバーもあった。

Cuore (クオレ) はイタリアの作家エドモンド・デ・アミーチスの児童文学作品のタイトルにもなっている。

2. 4元素 (cuatro elementos)

西洋哲学では，世界は earth, wind, fire, water からなるとされる。

(1)　tierra [tjéra]（earth）

ラテン語 terra の形で英語に入っている。

terra：「土，大地」，「月面の陸地」。

terrace（西 terraza）：「(傾斜面の) 台地」，「テラス」など。

terracotta（西 terracota）：「テラコッタ (茶褐色の素焼き陶器)」。原義は「茶褐色の土」の意。

terrain：「地域」。

terrestrial（西 terrestre）：「地球の」，「陸生の」，「現世の，世俗の」，「地上波」，「地球に住むもの，人間」など。反意語は第3章「形容詞」1.(4) celeste の項で触れた，celestial (天上の)。

extraterrestrial(西 extraterrestre):「地球外の」,「宇宙人」。映画「E.T.」で有名になった。

territory(西 territorio):「土地」が原義。「領土」,「地方」,「受け持ち地域」,「(米国・カナダ・オーストラリアの)準州」,「(動物の)縄張り」など。

(2) viento [bjénto](wind)
　英語では wind を取り入れるところが window であるように,スペイン語では viento を取り入れるところが ventana である。

vent:「(空気や液体などを通す)穴」,「通気孔」,「感情のはけ口」,「動物の総排泄孔」など。原発事故以来,よく聞かれるようになった。

ventage:「小穴」,「感情などのはけ口」。

ventilate(西 ventilar):「(風)を通す」ことから,「換気する」。転じて,「(意見などを)公にする」の意も。名詞形は ventilation(西 ventilación)。「換気装置,換気扇」は ventilator(西 ventilador)。

(3) fuego [fwéγo](fire)
　南米最南端の島は Fuego 島という。火山の火かと思ったが,この島には火山はない。マゼランが乗った船の乗組員が島でたき火をしているのを見たのが名前の由来らしい。fuego か,またはそれに近い形が入っている英語は見当たらないのだが,実は ...

focus(西 foco):「焦点,フォーカス」。スペイン語では o の

上にアクセントが来ると，ue と変化することがよくあるが，fuego もその一例である。また，母音間の無声子音が有声化することもよくあるが，fuego もそうである。そこで，fuego のもとの形は foco ではないかと推定される。さらにラテン語までさかのぼれば，focus に辿りつく。ラテン語の focus の原義は「炉(の火)」である。スペイン語では「焦点」の意味のほかに，「懐中電灯」の意味でもよく使用される。

fuel：「燃料」，「エネルギー源の食物」。「燃料を補給する」，「(感情などを)あおる，助長する」。focus (炉) が原義。「燃料」は使ったら減るはずなのに，「フエル」とはこれいかに。語呂あわせで覚えたものです。

furnace（西 horno）： ラテン語「暖炉，オーブン」の意から，「炉，かまど，溶鉱炉」など。

curfew（西 cubrefuego，ただし，toque de queda のほうが一般的）：「夜間外出禁止令」，「晩鐘」，「門限」。フランス語に由来するらしい。フランス語の「火」は feu で，これを英語ふうに few とつづったもの。スペイン語の cubrefuego は「cubre（覆う，cover に相当）＋ fuego（火）」で，「火を覆う」で「消灯」のこと。ここから，前述の意味になった。めったに目にしない語だったが，1985 年ごろ，パプア・ニューギニア在住のころ，首都ポートモレスビーの治安が悪化。curfew「夜間外出禁止令」なる語が新聞の紙面にデカデカと掲載されるようになった。「夜間」といっても，夜 10 時ごろから朝 5 時ごろまでだったろうか。これが筆者の curfew 初体験であった。

(4)　agua [áɣwa]（water）

これは英語には aqua の形で多くの語に入っている。

aqualung：「アクアラング」。「aqua（水）+ lung（肺）」。

aquamarine（西 aguamarina）：宝石の「アクアマリン」,「藍玉」。

aquarium（西 acuario）：「水族館」。

Aquarius（西 Acuario）：「みずがめ座」。

aquatic（西 acuático）：「水生の, 水産の」,「水中で行う」,「水中競技」。

aqueduct（西 acueducto）：「水路」,「水道橋」。

紛らわしいのは aquiline（発音は「アクアライン」に近い）。「アクアライン」かと思いきや,「（ワシのくちばしのように）曲がった, かぎ形の」の意味で, an aquiline nose のように使う。「ワシ」はスペイン語では águila（eagle と同根）で, aquiline はその形容詞形である。

3.　動物（animales）関係

(1)　vaca [báka] と **toro** [tóro]

vaca は牝牛。ラテン語では vacca。英語では cow。牡牛は toro（ラテン語では taurus, 英語では ox）。牛肉は英語では beef だが, スペイン語にはこれに相当する語はなく, vaca が beef を兼

ねる。「牛肉を食べる」は "comer carne de vaca" で, なぜか「牝牛の肉を食べる」となっているが, 元の牛がオスかメスかなどは, 素人には分からない。vaca のかわりに「四足の獣」を表す res を用いる地域もある。res には当然, 牛以外の四足, つまり豚や羊や馬なども含まれるのであるが, "carne de res" というと,「牛肉」だけを指すのである。

ちなみに, 中国には「牛」という姓があるが, スペイン語圏にも Vaca という姓がある。ただし, Toro という姓は聞いたことがない。

vaccine (西 vacuna):「ワクチン」。ジェンナーの種痘の話は日本でも有名である。種痘にはウシの天然痘である牛痘の膿が用いられている。使われたのは牝牛だったのだろうか。動詞は vaccinate (西 vacunar)。

ちなみに, 牛の胆汁の中から発見されたものは, taurine (タウリン, 西 taurina) で, 牡牛を表すラテン語 taurus に由来する。タウリンは, 1827 年にドイツの解剖学者, 生理学者フリードリヒ・ティーデマンと化学者のレオポルド・グメリンが発見したものである。一方, イギリスの医師エドワード・ジェンナーが種痘を行ったのが 1796 年で, ジェンナーのほうが先である。牝牛由来の vaccine がすでに使われていたので, 胆汁の持ち主が牝牛だったとしても, ティーデマンなどは牡牛由来の語, つまり taurine と名付けざるを得なかったのだろう。

何かひとつ事情が変わっていたら,「ワクチン」と「タウリン」の名前が入れ替わっていたかもしれない。

(2) pollo [póʎo] (chicken)

英語でも rooster（cock はエッチな意味に使われるので、一般的には「雄鶏」の意味では使われないらしい）、hen, chicken と区別があるように、スペイン語にもある。雄鶏は gallo, 雌鶏は gallina, ひよこは pollo である。chicken が「鶏肉」をも意味するように、スペイン語でも pollo は「鶏肉」になる。

poultry：《集合名詞》「家禽（鶏、七面鳥、アヒルなど）、およびその肉」。鶏肉でも牛肉でも肉が欲しければ肉屋へ行けばよいのだが、特に家禽の肉（おもに鶏肉）を扱う専門店もある。看板を見ると、Poultry と書いてある。Chicken と書いてくれたら、入りやすいのだが、Poultry では何のことやらよく分からない。これもパパア・ニューギニアで初めて見た言葉である。pollo を知っていれば、poultry は店の雰囲気から「鶏肉」と関係ありそうなことが推測できるかも。

(3) ave [áβe] (bird)

ave というと、Ave Maria の Ave と同じだが、「鳥マリア」ということではない。Ave Maria の Ave は「ようこそ」、「さようなら」を意味するラテン語である。

aviary：「（動物園などの大型の）鳥の檻、飼鳥園」。

aviation（西 aviación）：「飛行」、「軍用機」、「航空機産業」。「飛行機」はスペイン語では avión という。語尾の -ón は増大辞というもので、「大きい」の意味を付加する。「飛行機」はいってみれば、「大きい鳥」のようなものだからである。「鳥のように飛

ぶこと」が aviation である。aviator はパイロットというより「飛行家」(古語)。

(4)　huevo [wéβo]　(egg)

　鳥は卵から生まれる。また,卵は朝食でもお世話になる。「目玉焼き」huevo frito はスペイン語圏でも定番の朝食メニューである。huevo もまた,例によって,「o → ue」の音韻変化が起こったものである。そこで,変化の前の形は hovo となるのだが,本来 h はついていなかった。スペイン語では「ワ」行音に w を用いない。w は外来語専用である。そこで,その代わりに wa は hua, wi は hui のように表記する。そうすると,ovo → uevo → huevo という流れができあがる。huevo は英語には ov- という形で入っている。

ovum（西 óvulo）:《生物学》「卵子」。

oviform（西 oviforme）:「卵形の」。

ovoid（西 ovoide）: 同上。

oviparous（ovíparo）:《動物学》「卵生の」。

ovulate（西 ovular）:「排卵する」。

ovary（西 ovario）:《解剖学》「卵巣」。形容詞形は ovarian（西 ovárico）。

oval（スペイン語も同形）:「卵形の,楕円形の」。転じて,「(長円形の) スタジアム」など。

(5) carne [kárne]（肉）

動物には「肉」がつきもので，われわれはその「肉」を通して，命をいただいている。

carnal（スペイン語も同形）： carne の形容詞形。「肉体の」，「肉感的な，情欲的な」，「現生的な，浮世の」。

carnation：「カーネーション」。花の色が「肉」のような淡紅色だから。

carnivore（西 carnívoro）：「肉食獣」。形容詞形は carnivorous（西 carnívoro, 名詞と同形）。

carnage（西 carnicería）：「肉」の塊を大量に作ることから，「大虐殺」。スペイン語の carnicería の本来の意味は「肉屋」だが，英語の carnage と同じ意味もある。

carnival（西 carnaval）：「謝肉祭，カーニバル」。大規模なお祭りで，今では「肉」と何の関係もなさそうに見えるが，もとはカトリック教徒が祝う四旬節（Lent, スペイン語では cuaresma。第1章「数字」の「40」の項を参照）の直前数日間の祝祭。四旬節が終わると，イースター（復活祭）が始まる。

四旬節の間，つまり 40 日間（日曜日は除くので，実際には 46 日）は，荒野で苦行したキリストをしのび，肉を絶って精進しなければならないのだが，その前に肉をたくさん食べておこうというもの。「肉」を提供してくれた動物に感謝するわけではない。最近では，さすがに 46 日間も肉を絶つ人はまれだろう。イースターの金曜日だけ，肉ではなく，魚を食べるぐらいであろう。

incarnate(西 encarnar):「肉体を持つ」。転じて,「具体化する」。もともとは,神の子である,イエス・キリストが人間の肉体を持って,この世に現れること。名詞形は incarnation(西 encarnación)。スペイン語のほうは姓にもなっている。

reincarnate(西 reencarnar):「re(再び)+ incarnate」。「再び肉体を持つ」,「化身する」の意味。名詞形は reincarnation(西 reencarnación)で,「再生,生まれ変わり,化身」,「霊魂再来(説),輪廻」。

incarnadine(西 carmesí):「肉色(の),深紅(の)」。

(6)　leche [létʃe]（milk）

「牛乳」は欧米では食事やお茶・コーヒーに不可欠である。ラテン語では lac だが,派生形は lact- となる。ここから,lacte → lecte → leche という変化が考えられる。英語には lact- の形で入っている。

今流行の "caffè latte"(カフェ・ラッテ)は「コーヒー牛乳」という意味のイタリア語である。"café au lait"(カフェ・オ・レ)も同じ意味のフランス語。ただ,作り方や味などが違うらしいが。スペイン語では "café con leche" という。

lacteal(西 lácteo):「乳の,乳状の」

lactic(西 láctico):　同上。lactic acid で「乳酸」。

lactose(西 lactosa):「ラクトーゼ,乳糖」。

lactate(西 lactar):「乳を分泌する」。

lettuce（西 lechuga）：「レタス」。学名は *Lactuca sativa* で，レタスの汁が「牛乳」のような感じを与えるところから，このような名前がついた。

4. 天体 (cuerpos celestes)

英語では "heavenly bodies" というが，「ナイスバディ」の意味で使っていた映画もあったような。

(1) sol [sol]（sun）

英語では Sol と大文字で書いて，「(ローマ神話の) 太陽神のソル (ギリシャ神話の Helios に相当)」，《文語》「太陽」(しばしば old Sol) の意。

solar（スペイン語も同形）：「太陽の」。sol の形容詞形。いわゆる「ソーラー」。

solar system（西 sistema solar）：「太陽系」のこと。

solarium（西 solario, solárium）：「サンルーム」。

(2) luna [lúna]（moon）

sol 同様，Luna と大文字で始めると，「月の女神ルナ (ギリシャ神話のセレーネに相当)」の意味で，英語にも取り入れられている。最近の日本女性もこんな名前の方がいるようだ。いうならば「月子」さんだが。

英語の「月曜日」Monday が「月の日」(moon day) であるよう

に，スペイン語の「月曜日」も同様に "día de la luna" で，lunes である。ただし，「日曜日」が英語では Sun Day であるのに対し，スペイン語では "día del sol" にはならない。もし，そうなるなら soles という言葉になっていただろう。soles とやると，sol の複数形で，ペルーの通貨単位である。「日曜日」はスペイン語では domingo（「主の日」の意）という。

lunar（スペイン語も同形）： luna の形容詞形。「月の，月面の」，「月の公転に基づいた，太陰(暦)の」，「円形の，三日月形の」，「光が弱々しい」，「銀の」などの意味がある。

lunate：「三日月状の」。

lunacy：《古語》「間欠性精神病」。月の満ち欠けによるものとされていたから。《正式》「精神異常」。《法律》「心神喪失，精神障害」。

lunatic（西 lunático）：《やや古い，今は侮辱的》「精神異常の」，「実にばかげた，常軌を逸した」，「狂人，精神障害者」，「大ばか者」。

狼男の例は極端だとしても，潮の干満が月の引力によるもので，月が地球（および地球の生物）に影響を及ぼすことは昔から知られていた。

(3)　estrella [estréʎa]（star）

星，特に，恒星を意味する。ラテンの名曲に "Estrellita" というのがあった。語尾の -ita は「かわいい」というニュアンスを付

加する縮小辞 -ito の女性形である。「かわいいお星様」といったところ。英語には estrella の r が脱落した形で入っている（というより，スペイン語の r が余分）。

stellar（西 estelar）：「星のような」，「花形スターの」の意味の形容詞。

stellate：「星形の」，「放射状の」。

constellation（西 constelación）：「con（いっしょに）＋ stella（星）＋ tion（名詞化語尾）」。「星が集まっているところ」で，「星座」。そこから「きらびやかな人の群れ」，「配置，布陣」の意味が派生。

Stella（西 Estela）：「ステラ」（女子名）。日本では「星子」さんといったところか。"Stella by Starlight"（邦題「星影のステラ」）というスタンダード曲があるが，Starlight ときたら，Stella 以外の名前は考えられない。

5. 時（tiempo）

ラテン語は tempo で，このまま「テンポ」として日本語に入っている。時を表す言葉は，秒から世紀まで，いろいろある。「光陰矢の如し」というから，さっさと説明しよう。このことわざはラテン語で "Tempus fugit"（時間は逃げる）という。

日本語	English	Español
秒	second	segundo [seɣúndo]
分	minute	minuto [minúto]
時	hour	hora [óra]
日	day	día [día]
週	week	semana [semána]
月	month	mes [mes]
年	year	año [áɲo]
10年	decade	década [dékaða]
世紀	century	siglo [síɣlo]

英語と形が似ているものや，形が違っていても英語には入っていないような語は説明を省略する。semana は第1章「数」の「7」のところで触れた。

(1) día [día]

英語同様,「日」の意味と「昼」の意味がある。反意語は noche「夜」。

diary（西 diario）:「日記」ということで，おなじみ。

dial（英語からスペイン語でも借用）:「1日を示す目盛盤」が原義で,「ダイヤル」。

diurnal（西 diurno）: día の形容詞形で,「昼の」,「昼行性」。反意語は nocturnal（西 nocturno）。nocturne となると,「夜想曲, ノクターン」となる。美術では「夜景画」を意味する。

(2)　mes [mes]（月）

semester（西 semestre）：第1章の「数」の「6」のところで述べたように，「se (seis, 6) + mes（月）」に由来する。

menstrual：《医学》「月に1度の」，「月経の」。英語には mes ではなく，mens という形で入っていることが多い。

(3)　año [áɲo]（年）

スペイン語の ñ は，もともと n の上にもうひとつ n が小さく書かれていたものである。「太」の字の点はもともと「大」の字が小さく書かれていたもので，成り立ちが似ている。

英語には ann- の形で入っている。

anniversary（西 aniversario）：「毎年 (anni) + 巡ってくる (verse)」が原義で，「～年祭」，「～周年記念」。

annual（西 anual）：año の形容詞形。「年次の，毎年の」，「年報，年鑑」の意。

annuity：「年金，年金制度，年金受領資格」。pension のほうが分かりやすいが，正式文書にはこう書かれる。年金受領者は annuitant。

Anno Domini：「紀元後」。「Dominus（主）の anno（西 año, 年）」が原義。普通，A.D. と略される。イギリスでは，「寄る年波」という変てこな意味もある。

反意語は B.C. (Before Christ)。スペイン語の「紀元前」，「紀元後」は aC (antes de Cristo), dC (después de Cristo)。A.C. と

やると América Central（Central America，中米）の意味のほかに Año de Cristo（西暦紀元）のことで，英語の A.D. の意味にもなる。あ～，まぎらわしい。

(4) 四季（cuatro estaciones）

estaciones は estación の複数形である。estación に対応しそうな英単語は station だろうということは容易に想像できる。実際，そのとおりで，station の語源はラテン語「立つ」である。stay（スペイン語では estar，「立つ」というより「とどまる」，「～の状態でいる」）の名詞形が station とも言える。そこから，馬や馬車が一時的に滞在するところが「駅」になり，その後，馬は車（鉄道も含む）に取って代わられたわけである。軍隊が駐留するところは「基地」であり，警察官が駐在するところは警察「署」である。

スペイン語では，estar を空間だけでなく，時間にも当てはめた。すなわち，時が一時的にとどまっているところが「季節」というわけだ。

春から順に，primavera, verano, otoño, invierno となる。一見して，「春」と「夏」の間に何らかの関係があるのではないかと思われる。primavera の語頭 prima は第 1 章「数」で触れた，「1」uno の序数，primero（イタリア語では primo）との関連をうかがわせる。verano はやや長めの「夏季」で，primavera は本来「初めの夏」で，「初夏」のことだったのだが，意味が拡大して，やや長めの「春季」になったというわけだ。otoño は英語の autumn と同根。最後の invierno が，実は英語にも入り込んでいるのである。

hibernate（西 hibernar, invernar）:「冬眠する」。invierno に相当するフランス語は hiver で，こちらのほうがより hiber- に近くなっている。名詞形は hibernation（西 hibernación）。

hibernal（スペイン語も同形）:「冬の」。スペイン語では特に難しい言葉ではないが，英語では文語。

Hibernia（スペイン語も同形）:《詩語》「ヒルベニア」。「冬の国」の意。Ireland（アイルランド）のラテン名である。温暖な地中海の気候に慣れた古代ローマ人にしてみれば，アイルランドは冬ではなくても，いつも「冬」のような気候に思えたことだろう。

ところで，『オデュッセイア』に描かれている「冥界」（Hades）（英語もスペイン語も同じ）はイギリスやアイルランドの「冬」を思わせるようだが，『オデュッセイア』の作者と言われているホメロスはギリシャの人で，ギリシャはイタリアよりもっと太陽の光があふれる土地である。ギリシャ人から見れば，「冬」のイギリスは「地獄」のようにも思えた（今でも思える？）ことだろう。

さて，「冥界」を表す Hades という言葉は「地獄」の同義語とも言える。英語の「地獄」は日常用語では hell だが，小難しい言葉では inferno である。語源は「下方の国」を表すラテン語。1970年代のアメリカ映画で高層ビル火災を扱った映画があったが，そのタイトルは Towering Inferno だった。邦題は『タワーリング・インフェルノ』（「そびえたつ地獄」が直訳）。結構ヒットしたようだが。

この inferno はポルトガル語として，日本にも伝えられ，「インヘルノ」（地獄）というキリシタン用語にもなった。反意語は「ハ

ライソ」(天国)。これらをスペイン語に直すと、それぞれ infierno と paraíso になる。

　ここで、スペイン語の「冬」と「地獄」に着目してほしい。それぞれ、invierno と infierno となり、子音がひとつ違うだけである。このように、「冬」と「地獄」はスペイン語では、大して変わらないのである。

　ちなみに、スペインには次のようなことわざがある。

　　　Nueve meses de invierno, tres meses de infierno
　　　（9 か月の冬と 3 か月の地獄）

この場合の「地獄」とは猛暑の灼熱地獄のことだが。

6.　鉱物 (minerales)

　鉱山 (mina) で採れるものが鉱物 (mineral) である。鉱物にはいろいろあるが、まずは金属 (metales) から。

(1)　**oro** [óro]（gold）

　まずは、金属の王「金」から。金の原子記号 Au はラテン語の aurum に由来する。スペイン語では au の発音が [o] に変わって、つづりも変化したのだが、英語やフランス語では発音が変化しても、つづりは変わらない。この点がスペイン語やイタリア語と異なるところである。ただ、フランス語では「金」は or で、スペイン語に似ている。

　　aurora（スペイン語も同形）：「オーロラ」,《詩》「夜明けの光,

曙，黎明」。Auroraと大文字で書くと，ローマ神話の夜明けの女神「アウローラ」。「オーロラ」は地中の金が夜空に光を放つ現象と考えられていた。

aureate (西 áureo)：「金色の」,「きらびやかな」。

aureola, aureole (西 aureola)：「(聖像の) 後光，光輪」,「光輝，輝き」,「光環，コロナ」。

auric (西 áurico)：《化学》「金の，第二金の」。

auriferous (西 aurífero)：「(岩などが) 金を含む」。

Aurelio：(男子名) アウレリオ。ラテン語形は Aurelius。ローマの哲人皇帝は Marcus Aurelius だが，スペイン語形は Marco Aurelio。Aurelio はスペイン語圏では普通の男子名。元大リーガーに Orel Hershiser という投手がいたが，Orel は Aurelio の英語形だろうか。「金」との関連は確認できなかったが，「金」を連想させる名前ではある。日本語なら，さしずめ「金太郎」または「金次郎」といったところだろうか。

(2) plata [pláta], **argento** [arxénto] (silver)

金と来れば，次は銀である。一般的には plata だが，argento という語もある。ただし，こちらのほうは詩語である。銀の元素記号 Ag は argento と関連付けられる。argento は単に「銀」の意味しかないが，plata には「お金」の意味がある。スペインでは「お金」は一般的には dinero のようだが，中南米では plata である。日本でも江戸時代，関東は「金」，関西は「銀」本位制だったこと

が思い出される。

　plate（西 plato）:「皿，料理」など。「平らな」という意味のギリシャ語が語源。plata「銀」とは関係なさそうだが，plate には「金属製の食器類」（真っ先に「銀」のスプーンが思い浮かぶ），「（金・銀の）メッキ」の意味もある。さらに，受身形で使われるのが一般的だが，「（時計などが）（金・銀などで）メッキされる」という動詞にもなる。plating とすると，「メッキ」。スペイン語では「銀」メッキに限定されるが，platear という動詞がある。

　platinum（西 platino）: plata に縮小辞 -ino がついた語。「かわいい銀」の意。「白金，プラチナ」。銀とは全く別の金属だが，「金」よりも価値があるとされる。

　argent（西 argento）:《詩》「銀色の」。Argent と大文字で書くと，姓になる。フランス語にもこれと同じつづりの語があり，「お金」の意味で使われる。発音は「アルジャン」だが，ダジャレで「お金はなくても，アルジャン」とすぐ覚えた。

　argentite:《鉱物学》「輝銀鉱」。

　argentine（西 argentino）:「銀の，銀白の」,「銀」,「銀色の金属」など。

　Argentine（西 argentino）:「アルゼンチンの，アルゼンチン人」。

　Argentina（スペイン語も同形）:「アルゼンチン」。argento に縮小辞 -ino の女性形 -ina がついた形。文字どおりには「かわいい

銀」で，プラチナと同じことになる。

　早い話が「銀の国」という意味だが，アルゼンチンでは銀は産出しない。南米の銀の産出国はペルーである。アルゼンチンで一番大きな川は el Río de la Plata (ラ・プラタ川) で，「銀の川」という意味である。河口で銀の装飾品をつけた原住民をスペイン人が見て，銀が出るものと思ったらしい。このあたりは，中米コスタリカ Costa Rica (Rich Coast の意) の名前の由来と同様である。スペイン人が金の装飾品を身につけた原住民を見て，その海岸地帯で金が出るものと思って，Costa Rica と名づけたという話と瓜ふたつである。

(3)　hierro [jéro]（iron）

　金，銀と来れば次は銅だが，copper に相当するスペイン語は cobre で，英語 copper と語形が似ているので，面白みがない。オリンピックの銅メダルは copper ではなく，bronze だが，これに相当するスペイン語は bronce で，copper 以上につまらない。そうすると，ギリシャ神話だっただろうか，金の時代の次は銀，その次は鉄の時代ということで「鉄」にしよう。

　鉄の元素記号は Fe である。現代のスペイン語は hierro だが，かつては fierro であった。1990 年ごろ，ペルーのゴルフ場のキャディーが「アイアン」のことを hierro ではなく，fierro と言っていたのが印象に残っている。文化の中心地域で変化した言葉が周辺に古い語形を残すのは世界共通の現象のようだ。

　英語には ferro- の形で入っている。鉱物学の専門用語が多いようである。

ferrotype（西 ferrotipo）：「鉄板写真」。といってもよく分からない。写真の専門用語である。

ferrous（西 ferroso）：「鉄の，鉄を含む」，《化学》「第一鉄」。

ferric（西 férrico）：《化学》「第二鉄」。

(4)　petróleo [petróleo]（petroleum）

　英語で oil というと，いろいろな種類の oil を指す。olive oil などの植物性の油もあるし，「石油」も指すことができる。「石油」と限定すると，petroleum である。イギリスの石油会社は British Petroleum という。

　スペイン語では油一般は aceite という語を使う。oil とよく似た語形のスペイン語には óleo というのがあるが，これは「油絵」のことである。

　さて，スペイン語の petróleo は「petro（石）+ oleo」に分解できるが，後半の oleo が「油」に相当する。日本語の「石油」はヨーロッパ語からの忠実な翻訳である。

　自動車に使う「石油」にはディーゼル（diesel，英語からの借用。発音もやや英語ふうに「ディセル」）もあれば，ガソリン（gasolina）もある。ガソリンは英語では gasoline だが，アメリカでは略して gas と言うことが多い。いわゆる天然「ガス」と区別がつかないような気がするが，LPG 車（liquefied petroleum gas）はアメリカでは普及していないのだろうか，あまり気にすることはあるまい。一方，イギリスでは gas では通じない。petroleum の関連語の petrol（「petroleum の精」が原義）を使わないといけない。

　ところで，「石」はスペイン語では piedra と少々，形が変わっ

ているのだが。「石」は男子名にもなる。聖書では「ペテロ」だが、スペイン語では Pedro、イタリア語では Pietro、フランス語では Pierre、英語では Peter となる。

さらに、Peter の息子 (son) が Peterson で、これが姓にもなった。同様に、Pedro の息子が Pérez である。本来なら、Pédrez なのだが、d が脱落したのである。

petrify (西 petrificar)：「(動植物などを) 石化する」。転じて、「石のように硬くする、硬直させる、(恐怖などで) すくませる」などの意味にも。名詞形は petrification (西 petrificación)。

petrology (西 petrología)：「岩石学」。

7. その他もろもろ (misceláneos)

(1) barco [bárko]（船）

スペイン語では船舶一般を表す基本語彙で、英語の ship に相当する。

bark：「バーク船」(通例 3 本マストの帆船)。《詩》「小帆船」。英語では船は船でも、かなり意味が限定される。英語には、このほかに「(犬などが) ほえる」の bark もあれば、「木の皮」の意味の bark もある。

embark (西 embarcar)：「em (中へ) + bark (船)」。「乗船する」。転じて「開始する」の意味も。名詞形は embarkation (西 embarco)。名詞形は、出入国カードでお目にかかる。Port of embarkation で「出航地、出発地点」。最近は船より飛行機が主流

だが，用語は船の時代のものを転用している。

disembark（西 desembarcar）： embark の反意語。「下船する」,「上陸する」,「陸揚げする」。名詞形は disembarkation（西 desembarco）で，これも出入国カードに Port of disembarkation（入国地点）と書かれている。a disembarkation card で「入国記録（カード）」。

Embarcadero： サンフランシスコ湾東側の地名。「桟橋，埠頭」の意。

(2) nave [náβe]（船）

barco が現在では船一般を意味する語であるのに対し，nave は古語である。ただし，宇宙船の時には barco ではなく，nave が nave del espacio のように使われる。イタリア語でもやはり「船」は nave である。

navy：「海軍」。海軍というからには船が必要で，それも一隻だけでは話にならない。当然，複数必要である。スペイン語では nave の複数形は，naves だが，イタリア語では navi となる。これを英語ふうにつづると navy が出来上がる。ということで，navy は単に ships の意味で，特に「軍」の意味はなかったのである。navy の形容詞形は naval（スペイン語も同形）。

navigate（西 navegar）：「nave（船）が進むこと」が原義。「航行する」。さらには「導く，案内する」の意味にもなっている。名詞形は navigation（西 navegación）。navigate する人や機器が navigator（西 navegador）で，もともとの意味は「航海士」。そこか

ら「(飛行機の)自動操縦装置」になり，さらに，日本では車の道案内をする機器を意味するようになった。car navigation を略して「カーナビ」といっているが，これは和製英語である。ちゃんとした英語では GPS (Global Positioning System) と言わなければならない。

　スペイン語では，nave に関連して，nau- という接頭辞がある。当然,「船」の意味の造語要素である。u と v はもともと区別がなかったのだが，子音の位置に来ると v，母音の位置に来ると u と，書き分けるようになったのである。

　もうひとつ，nauta というスペイン語がある。「海の男，船乗り，水夫」という意味だが，文語である。現代では，これを -nauta という接尾辞として用いている。この英語形は -naut である。

nautical（西 náutico）：「船舶の，船員の，海事の，航海(術)の」。nautical mile で「海里」(イギリスでは 1,853.2 メートル，国際的には 1,852 メートル)。陸上の「マイル」は約 1,600 メートル。

nautilus（西 nautilo）：「オウムガイ」。「貝」とはいっても，漏斗と呼ばれる器官から噴き出す水を推進力にして，体を軽く揺すりながらゆっくりと運動する。それが，「船乗り」のイメージにつながったのだろう。大文字で Nautilus と書くと，小説や実際の潜水艦の名前になる。オウムガイがガスの詰まった殻内部の容積を調節して浮き沈みする仕組みは，潜水艦の仕組みと同じなので，名前をいただいたわけだ。

aeronautical（西 aeronáutico）：「航空の，航空術[学]の」。

astronaut（西 astronauta）：「宇宙飛行士」。

(3)　isla [ísla]（島）

　航海しているうちには「島」が見えてくるだろう。「島」はスペイン語では isla という。英語では普通，island だが，読まない s が入っている。英語の island の語源は「水に囲まれた土地 (iland)」ということだが，island とは別に isle という語がある。これも「島」にはかわりはないが，文語である。また，Isle of Capri（カプリ島）のように，固有名詞の一部として用いられる。この isle はラテン語系統の語だが，本来の英語 iland と isle とが混交して island になったらしい。

　なお，isla の同義語に ínsula というのがあるが，これは文語である。ラテン語ではアクセント記号なしの insula。この語形が英語に入り込んでいる。

insular（スペイン語も同形）：ínsula の形容詞形。「島の」，「島国根性の，狭量な」の意。医学用語として「島状の，点々とある」。解剖学用語では「膵臓の，ランゲルハンス島の」。内分泌細胞の塊が島のように浮かんで存在しているところから，発見者であるドイツ人医学者・病理学者・生物学者の Paul Langerhans の名前をとって命名された。「ランゲルハンス島」は英語では islets of Langerhans と呼ばれることから分かるように，島はひとつではなく，複数の小さな島なので，「ランゲルハンス諸島」と言ったほうが正確だと思うのだが。

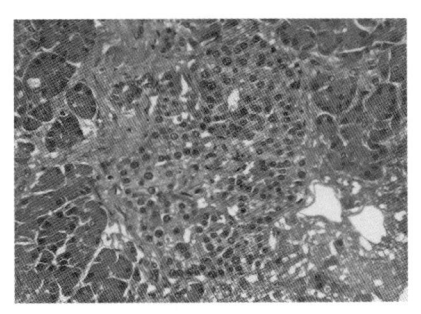

第 4 章　名詞（Sustantivos）ほか　　151

写真：小さい粒々が「ランゲルハンス島」
（提供：福井大学医学部　村上真）

　ちなみに，Langerhans の Langer は long の意味で，後半の hans は男子名「ハンス」Hans で，英語では John に相当する。というわけで，Langerhans は英語に直訳すると，Longjohn となる。ところが，英語には longjohns という普通名詞があるのである。意味は「ズボン下，ももひき」である。いくらなんでも，こんな姓ではちょっと恥ずかしい。

　しかしながら，Hans には，普通名詞として「やつ」という意味もある。となると，Langerhans は「長いやつ」だが，「背が高いやつ」ということで，英語では Longman や Longfellow（「のっぽ」の意味の姓。米国の詩人，Henry Wadsworth Longfellow が有名）に相当するだろう。「ももひき」さんでは，ご本人も嫌だろう。

　insulin（西 insulina）：「インシュリン」。糖尿病の治療に用いられる。「インシュリン」は前述の「膵臓のランゲルハンス島」のB 細胞から分泌されるホルモンである。そういえば，イチロー選手がシアトル・マリナーズに在籍していたときのチームメイトに

「ランガーハンズ」という選手がいたが、つづりは Langerhans だった。糖尿病を患う選手にはありがたいような、ありがたくないような名前の選手である。

insulate:「陸地を島にする」。また、「島流しにする」から、「隔離する」、「(物体を)絶縁体で覆う」など。名詞形は insulation で「絶縁、隔離、孤立」のほかに「絶縁体」、「(家などに)絶縁材を施すこと」。

isolate（西 aislar）: スペイン語は「a (へ) + isla (島) + ate (動詞化語尾)」で、「島流しにする」が原義。「伝染病患者などを隔離する」、「(細菌を)分離する」、化学用語で「単離する」、「(電気を)絶縁する」。insulate より使い道が広い。名詞形は isolation（西 aislamiento）。isolationism（西 aislacionismo）は「(政治・経済上の)孤立主義、不干渉主義」。

península（西 península）:「半島」。語源は「pen（ほとんど）+ insula（島）」。形容詞形は peninsular（スペイン語も同形）。

(4) cama [káma]（bed）

航海に疲れたら、陸地のベッドでゆっくり休みたいものである。「ベッド」はスペイン語では cama という。「就寝する」は英語では go to bed で、スペイン語でも同様に ir a la cama という。普通に眠る（dormir）場合もあるが、2人で行ったりしたら、なかなか寝ないこともある。そんなときは、irse a la cama con ～ という。irse の se はこの場合は、「～てしまう」のようなニュアンスで、全体を訳すと「～とベッドへ行ってしまう」、つまり、「ベッ

ドへしけこむ」に近い感じだろうか。

camera：「カメラ」,「判事の私室」。ラテン語の camera「丸天井」に由来する。スペイン語では cama を置いてある部屋を cámara という。もとは当然「寝室」(ただし,王侯の)の意味だが,現在では「カメラ」,「議会」,「暗箱」などの意味もある。recámara という関連語もあり,中南米では「寝室」の意味でも用いられている。

そもそも cama を置く部屋が cámara「寝室」なので,当然,暗くしないといけない。そこから「暗い部屋」の意味になり,「暗室」,「暗箱」と発展し,「写真機」の意味をも持つようになったのであろう。

chamber： スペイン語では,cámara が「寝室」に限らず,いろいろな用途の「部屋」を意味するようになった。英語では上述の「判事の私室」にもなったわけだが,スペイン語では「議論をするための部屋」,つまり「議会」にまで発展していった。英語の camera は「議会」の意味までは持っていない。「議会」の意味を持つのは chamber で,この語も camera 同様,「丸天井のある部屋」が原義である。chamber はフランス語 chambre から英語に入ったが,[k] 音がフランス語では [ʃ] 音に変化した例はほかにもある。ともかく,スペイン語 cámara はフランス語 chambre と語源は同じである。

ところで,どこかの国の国会議員が国会の審議中,居眠りしている風景がテレビでも映し出されることがあるが,chamber が camera (cámara), recámara, cama とつながっていることを思えば,chamber が「寝室」でもおかしくない。居眠りしていらっ

しゃる議員先生方には cama を用意して差し上げてもいいくらいである。

chamberlain（西 camarero）：「(王室の) 侍従」,「(貴族の) 執事」,《英》「(市町村の) 収入役, 会計係」など。スペイン語の camarero は英語同様「侍従」の意味はあるが,「(ホテルの) 客室係」,「ウェイトレス, ウェイター」の意味で使うほうが一般的である。もともとはご主人様のベッド (cama) メーキングや部屋の清掃などをする人を指したわけである。スペイン語の camarero が姓になっているかどうかは不明であるが, 英語圏では chamberlain は姓になっている。ヒトラーに対して宥和政策を採ったイギリスの首相は Chamberlain だった。確かに, ヒトラーというご主人様に対する「侍従」のような政策だったと言えるかも。

(5)　luz [luθ]（光）, **lumbre** [lúmbre]（火, 灯火, 明かり）

いくら寝室は暗いほうがいいと言っても, やっぱり「光」も必要である。

lux（スペイン語も同じ）：ラテン語で「光」の意。「ルクス」。照度の国際単位。

lucid（西 lúcido）：「光り輝く」が原義。「澄んだ, 透明な」,「頭脳明晰な」,「分かりやすい, 明快な」。詩語として「輝く, 明るい」。名詞形は lucidity（西 lucidez）。

Lucille, Lucy（女子名）：スペイン語では Lucía だが, Lucio という男子名もある。日本語では「ひかり, ひかる」,「光子」といっ

たところ。

Lucifer（スペイン語も同形）：《詩語》「明けの明星，金星」（他の星より一層光輝いているから）。「魔王（Satan）」。もとは「光に満ちた」天使だったが，堕落して，魔王になった。スペイン語では男子の洗礼名としても使われているそうだが，これまで一度も聞いたことがない。

luster（西 lustre）：ラテン語で「光り輝く」の意で，「光沢，つや，光彩」。転じて，「栄誉」。

illustrate（西 ilustrar）：ラテン語「輝かせる，明らかにする」から，「説明する，例証する」，「挿絵を入れる，図解する」。名詞形は illustration（西 ilustración）。「イラスト」はもはや立派な日本語として定着。

illustrious（西 ilustre）：「光り輝く」ことから，「有名な，著名な」，「（行為などが）華々しい，輝かしい」。

lumen（スペイン語も同じ）：「ルーメン」。光束の単位。コスタリカはサンホセの中華料理屋の娘にこんな名前の人がいた。

luminary（西 luminar）：「発光体（特に，太陽・月）」。

luminescent（西 luminescente）：「発光性の」。

luminiferous：同上。

luminous（西 luminoso）：「光を発する，光る，輝く，明るい」，「明快な，理解しやすい」の意味。名詞形は luminosity（西

luminosidad)で「光度」。

illuminate(西 iluminar): ラテン語「照らし出す」から,「灯火をともす」,「イルミネーションを施す」。

日本の女子名「るみ」は,欧米では「光」を連想させることだろう。

スペイン語の「停電」の表現

No hay luz.（停電している）[直訳は「光がない」]
Se fue la luz.（停電だっ！）[直訳は「光が行ってしまった」]

---

(6) polvo [pólβo]（ちり,ほこり,粉末）

部屋は掃除しないと,ほこりだらけになる。「ちり,ほこり」は英語では dust が一般的であるが,スペイン語では polvo という。

powder:「ほこり,ちり」を意味するラテン語 pulvis に由来する。ただ,現代英語ではこれらは dust にまかせて,powder は「粉」,「火薬」などの意味を担当している。スペイン語の「火薬」は polvo の派生語の pólvora。

pulverize(西 pulverizar):「polvo（粉）にする」が原義。「～をひいて粉にする」,「粉々にする」,「(液体を)霧にする」など。『アースジェット』などの「噴霧器」は pulverizer(西 pulverizador)という。

(7)　lado [láðo]（side）

　一人寝はさびしいので,誰かにそば (lado) にいてもらいたいのが人情というものである。この lado というのも日常用語である。"Quiero estar a tu lado" (I want to be by your side) なども,恋人同士がよく口にするフレーズである。

　lateral（スペイン語も同形）: lado の形容詞形。「横の,側面の」,「傍系の」。「側面」という名詞用法もある。

　bilateral（スペイン語も同形）:「bi (2) + lateral (側)」で,「両側の,双方の」,「双方向の」。「左右対称(の)」の意味も。最近,よく目にする語である。小難しい印象の語であるが,lado を知ってさえいれば,どうってことはない語である。

　collateral（西 colateral）:「col (con) + lateral (側)」で,「相並んだ」。ここから,「付帯的,二次的」,「直系でない,傍系」の意味も。さらには,商業用語の「見返り(物件)」の意味もある。

　アーノルド・シュワルツェネッガー主演の映画に "Collateral Damage" というのがある。「付帯的損害」が直訳だが,「軍事活動中の不注意による民間の犠牲者と破壊」ということである。最近の洋画は原題をそのままカタカナ表記しただけのものが多くなっているような気がするが,直訳がピンと来なければ,頭をひねって,しゃれた邦題にしてほしいものである。

(8)　esposo [espóso]（夫）, **esposa** [espósa]（妻）

　最近では同性婚も認められている地域もあるようだが,一般的には男女のペアである。英語では husband と wife だが,スペイ

ン語では esposo と esposa である。o で終わっているほうが男で，a で終わるのが女である。esposos とすると，「夫たち」という意味にもなりうるが，一般的には「夫婦」の意味である。esposo と語源を同じくする英語は spouse「配偶者」で，男女どちらも指すことができる，正式用語である。

(9)　padre [páðre]（father），**papa** [pápa]，**papá** [papá]

　結婚して子供ができれば，親になる。father に相当するスペイン語は padre である。英語の father にも，スペイン語の padre にも，「神父」の意味がある。ポルトガル語にもスペイン語と同形の padre という語があるが，「神父」の意味に限定されている。日本にはポルトガル語として入ってきた。キリシタン用語の「伴天連（バテレン）」がそれである。

　pater：　ラテン語形。イギリスでは「父，親父」を意味する古くさい語である。

　paternal（西 paternal, paterno）：「父親の」，「父方の」，「父のような」。

　paternalism（西 paternalismo）：「父親的温情主義」，「家父長的態度」，「干渉政治」。

　paternity（西 paternidad）：「父であること」，「父系」，「（考え・計画などの）出所，起源」。

　paterfamilias（スペイン語も同形）：「家長」，「家父長」。

　patriot（西 patriota）：「愛国者」。「祖先の国の人」が原義。た

だし，古代ローマは父系社会だったので，「祖先」というのは padre, padre の padre, そのまた padre ... というふうにさかのぼっていくのである。

patrimony（西 patrimonio）：「（父から受け継ぐ）世襲財産，家督」，「国家遺産」，「伝承物」など。

patriarch（西 patriarca）：「patri（父）＋ arch（支配者）」で，「家父長，族長」，「長老，古老」，「（宗派・学派の）開祖」。Patriarch と大文字で始めると「（カトリックの）総大司教，（東方教会の）総主教」。

patriarchy：「家父長政治」，「父権社会」，「男中心社会」。

patron（西 patrón）：「後援者，パトロン」。

Patrick（西 Patricio）：パトリック（人名）。女性形は Patricia（スペイン語も同形）。アイルランドの守護聖人が St. Patrick なので，それにちなんで，アイルランド人に多い名前である。Patrick のもとになるラテン語形 Patricius は「古代ローマの貴族」という意味だが，語源はやはりラテン語の pater（スペイン語では padre）なのである。

pope（しばしば **Pope**）（西 papa, 通例 Papa と大文字で）：「ローマ法王」。スペイン語では papa で，英語の papa と同根である。ただし，スペイン語の papa は意味がいろいろある。① 英語と同じ，daddy の意味。この場合は，アクセントが後ろにある papá のほうが一般的。英語の daddy に相当する tata という語もある。米国南西部の英語でスペイン語から借用されているが，意

味は「おじいちゃん」に変わっている。② 小文字でもいいが，大文字で Papa と書かれたら，「ローマ法王」。③ 中南米では「じゃがいも」のことも papa という。スペインでは patata。

pope の形容詞形は papal（スペイン語も同じ）。

ところで，西洋の中世の伝説に「女教皇ヨハンナ」というのがある。「教皇（ローマ法王）」には男しかなれないので，ローマ法王庁は当然その存在を否定している。また，歴史家たちもその存在の信憑性を疑っている。ただ，文学の絶好の素材ではある。

日本語で「女」と「教皇」とを並べてみても，全然違和感はない。英語では Pope Joan で，「女」を表す語はついていない。Pope Joan をそのまま，スペイン語にすると，Papa Juana になる。これは，相当違和感がある，というより拒否反応がある。スペイン語には男女共用の名前もあることはあるが，Juana は絶対に女である。男なら Juan という男性形がある。Juana が mama ということはあっても，papa ということはありえない。papa は「ローマ法王」の意味を持つ前に，第一義的に「父」なのである。ゆえに，スペイン語としては Papa と Juana が並び立つこと自体がありえない。というわけで，スペイン語では「女教皇ヨハンナ」は Papisa Juana というのであるが，papisa の使用例はこれ以外には思いあたらない。

(10) madre [máðre] （mother），**mama** [máma]，**mamá** [mamá]

padre の相方であるが，派生語は padre よりも多い。

mater：《英俗語》「おふくろ，おっかさん」。解剖学では「脳

膜」の意味も。

maternal（西 maternal, materno）：「母の，母らしい」，「母方の」。

maternity（西 maternidad）：「母であること」，「母性」。「産院」(maternity home, maternity hospital とも)。妊婦が着る服を「マタニティ・ドレス」(maternity dress [robe, clothes]) というが，スペイン語の maternidad には「妊娠」という意味はない。

matrimony（西 matrimonio）：《正式用語》「結婚生活，婚姻，夫婦生活」。英語では，「結婚」は一般的には wedding とか marriage である。これらに対応するスペイン語が matrimonio で，ありふれた一般用語である。なお，この語は madre の派生語である。昔は，「結婚」して，子孫を残す（女性は「母」になる）ことが大事なことだったのである。結婚しなくても，後ろ指を指されずに母になれるのは最近のことである。

matrimonial（スペイン語も同形）： matrimony の形容詞形。「結婚(式)の」，「婚姻の」など。

matriarch（西 matriarca）：「家母長，女家長，女族長」⇔ patriarch。

matriarchy：「母権制，女家長制，女族長制」⇔ patriarchy。

matron（西 matrona）：「年配の上品な既婚婦人」，「子持ちのご婦人」，「女性監督者，寮母」など。patron の女性形というわけではない。

matrix（西 matriz）:「母体」。転じて,「基盤」,「鋳型」,「(レコードの) 原盤」,「細胞間質」,「(コンピュータ) 配列」,数学の「行列(式)」など。

matriculate（西 matricular）:「matrix（原簿）に記載する」が原義。「大学に入学する, 入学を許す」。名詞形は matriculation（西 matriculación, matrícula）「大学入学許可」。

mammal:「哺乳動物」。スペイン語の mama は, 英語と同じ「お母さん」の意味もあるが,「乳房」の意味もある。区別するために,「お母さん」のほうは mamá と, アクセントを後ろに移すほうが一般的である。いずれにせよ,「おかあさん」の「乳房」を吸うのが「哺乳動物」である。

mammography（西 mamografía）:「マンモグラフィー (乳房 X 線撮影)」。

(11)　verdad [berðáð]（真実）

結婚するからには,「真実」の愛を誓わなければならない。ラテン語では veritas (英語形は verity) という。

very（西 muy, verdaderamente）:「真実の[に], 本当の[に]」が原義。

verify（西 verificar）:「事実であることを証明する」,「立証する」。名詞形は verification（西 verificación）。スペイン語のほうは「車の検査」の意味でよく使われる。

veritable:（大げさに強調して）「真の, 紛れもない」。

veracious:「真実を語る,誠実な」,「本当の,正しい,正確な」。名詞形は veracity。

なお,verdad は「～ですね」のような,付加疑問文に用いられる。

---

verdad を使った例文

Hoy hace buen tiempo, ¿verdad?
(今日はいい天気ですね)

---

(12)　alumno [alúmno], **alumna** [alúmna]（生徒）

結婚して,子供 (niño) ができ,学校へ上がっていくと,「生徒,学生」になる。「生徒,学生」の前に,少し「子供」について触れる。男の子は niño で,女の子は niña である。スペイン語の親族名称は簡単で,「父母」を除いて,「おじ,おば」,「祖父,祖母」など,同じ単語で,語尾が o なら男,a なら女という違いがあるだけである。

例：　esposo（夫）, esposa（妻）
　　　hijo（息子）, hija（娘）
　　　hermano（兄弟）, hermana（姉妹）
　　　tío（おじ）, tía（おば）
　　　abuelo（祖父）, abuela（祖母）
　　　nieto（男の孫）, nieta（女の孫）
　　　sobrino（甥）, sobrina（姪）

気象用語のEl Niñoは英語にもなっているが、意味は「男の子」である。ただ、大文字で書かれているので、ある特別な子供、つまり「幼子キリスト」のことである。

さて、studentという英語は、本来「大学生」を指していたが、最近では高校生、中学生を、さらにアメリカでは小学生まで指すこともあるとか。「児童・生徒」のニュアンスがある語はpupilである。studentに対応するスペイン語はestudianteで、pupilに対応するスペイン語はalumno（女性形はalumna）である。

alumnus：《米》ラテン語。「（男子の）卒業生、同窓生」。さらには、「以前の住人、旧社員」などの意味もある。

alumna：《米》「（女子の）卒業生、同窓生」。

alumni： alumnusの複数形。「卒業生、同窓生」。「○○大学同窓会」というときに、この複数形alumniが使われる。

英語になると、在学生ではなく、「卒業生」になっている。スペイン語では「在学生」に限られるのだが。

(13)　疑問詞 cuál [kwal]（どれ，何）

「何」はquéのほうが一般的だが、「スペインの首都はどこですか」は"¿Cuál es la capital de España?"という。「どちらが好きですか」は"¿Cuál le gusta más?"。こちらは英語のwhichに相当する。whichには関係代名詞の用法もあるが、スペイン語ではcualで、アクセント記号（tilde）の有無で品詞を区別する。

quality（西 cualidad, calidad）：「cuál（何）＋ dad（名詞化語

尾)」。「何であるか」ということ。cualidad は「特徴, 特性」,「長所, 強み」。calidad は「質, 品質, 性能」,「資格, 身分」,「長所, 質の良さ」など。

qualify（西 calificar）:「何らかの種類にする」が原義。「資格を与える」。名詞形は qualification（西 calificación）。

(14) 疑問詞 cuánto [kwánto]（どれだけ）
how many は cuántos, how much は cuánto である。「何歳ですか」は "¿Cuántos años tiene?"。「いくらですか」は "¿Cuánto es?" や "¿Cuánto cuesta?" など。

quantity（西 cantidad）:「cuánto（どれだけ）+ dad（名詞化語尾)」。「どれだけであるか」で,「量」を表す。

quantum（西 cuanto）:「量子」。複数形は quanta。

quantative（西 cuantativo）:「量に関する, 量的な, 定量的な」。

quantify（西 cuantificar）:「(〜の) 量を定める[計る], (〜を) 量で表す」。

quantifier（西 cuantificador）:「数量詞」(many, some, several など)。

(15) casi [kási]（ほとんど）
almost や nearly などに相当する, 日常生活でよく聞かれる語である。

casi を使った例文

Es casi imposible.（それはほとんど不可能だ）
Son casi las doce ya.（もう 12 時になる！）
Casi me caigo.（危うく転ぶところだった）
［過去の文だが，動詞は現在形を用いる］
"¿Ya terminaste la tarea?" "Casi, casi"
（「宿題はもう終わったの？」「ほとんど（あと少しだけ）」）

quasi： casi に相当するイタリア語は，ラテン語と同じで quasi。これが英語では，「外見上の，見たところでは」，「ある程度の，半 ...，準 ...」，「類似的な」という意味の接頭辞として使われている。

quasar（西 quásar, cuásar）：「quasi（ほとんど）+ stellar（星）」から，「準星」，「クエーサー」。数十億光年以上も遠くにあるのに，明るく輝く天体。恒星ではないのに，恒星状に見える。中心にブラックホールがあるとか。

さて，英単語の語源を巡るスペイン語の旅（「スパニッシュ・オデッセイ」とでも言おうか）は数十億光年のかなたのブラックホールにまで来てしまった。まだまだ，英語に入り込んでいるラテン語は星の数ほどあるのだが，もうすぐブラックホールに飲み込まれるので，ここら辺で打ち切ることにしよう。

小著が英語学習の一助や，気分転換にでもなることを祈りつつ……

あ と が き

　高校時代にこんな本があればよかったのにと思ったのがそもそもの執筆の動機だった。こんな本があれば喜んで買うのに，見当たらない。専門的な本はあるかもしれないが，あまり面白そうなのはなさそうである。ならば，自分で書くしかないかと思ったわけである。本来，人がやってくれるなら，任せてしまう性分である。言ってみれば，「働かない働きアリ」のようなものである。そもそも自分で本を出すなどということは想像だにしていなかった。

　それでも，書き始めてみると，守護霊が書いてくれているかのように，書けてしまったのである。もちろん，細かいところのチェックは延々と続くのであるが。

　書いてしまったら，どこかの出版社に出版してもらいたい。というわけで，開拓社さんの門をたたいたのである。すると，おかげさまで，採用してくださることになった。それも専門書扱いで，言語・文化選書シリーズの1冊だという。本当に恐れ多いことである。気楽な読み物のつもりで書いたのだが。

　最終稿を渡した後も，書き残したことが次から次へと出てくる。本文でも触れたが，スペイン語に由来する車の名前も多い。以下に，本文では触れることのできなかった車名をあげておこう。かなりの数になるので，英語から容易に想像できるものは除く。

Sienta: スペイン語の siete (7) と英語の entertain からの造語ということだが, sentar（座らせる）や sentir（感じる）の活用形にもなっている。

Trueno:「雷鳴」。

Premio:「賞」。英語の premium に相当。

Prado: ポルトガル語由来で「平原」の意味だそうだが, スペイン語では「草原」。大体同じ意味である。スペイン語圏ではありふれた姓にもなっている。

Céfiro: スペイン語の Céfiro（そよ風）に由来。

Serena:「晴れ晴れとした」の意のスペイン語。英語の serene に相当。

Tino: スペイン語で「理性」の意。

Diamante:「ダイヤモンド」。メーカーが三菱（Three Diamonds）ということがすぐわかる。

Dias: Días（英語の days に相当）に由来。

Escudo:「盾，紋章」の意。ポルトガルの通貨単位にもなっていた。

Vivio: 英語 vivid からの造語ということだが, スペイン語の動詞 vivir（英語の live に相当）の直説法点過去 3 人称単数の活用形 vivió（彼は生きた）を連想させる。

Demio: スペイン語 de mío（英語の of mine に相当）に由来するとか。

Tanto:「とても広い」という意味のイタリア語に由来するようだが, スペイン語やポルトガル語にも同形の言葉がある。意味は「たくさん」で,「たんと召し上がれの」の「たんと」である。ポルトガル語経由で日本語に入ったとか。

Mercedes： ベンツ社の高級乗用車。merced（英語の mercy に相当）の複数形。個人名にも姓にも使われるが，女性の個人名に多い。この場合は，ベンツ社ゆかりの女性の名前から取られたようだ。

　Moco： これはスペイン語からつけたものではない。「元気モコモコ」からつけたようだが，moco はスペイン語では「鼻水，鼻くそ」の意味で，こんな名前ではスペイン語圏に輸出できない。moco と同じ語源の英単語は mucus（動植物の分泌する粘液）だが，専門用語だろう。

　さて，なにぶん本を出すのは初めてのことでもあり，わからないことばかりである。担当の川田賢さんにはずいぶんお世話になった。また，ランゲルハンス島の写真を快く提供してくださった福井大学医学部第一外科助教村上真氏にも改めてお礼申し上げたい。

　スペイン語のネイティブチェックはコスタリカ人である，妻のビクトリア・エリソンドさんにしてもらった。妻のアドバイスや助けなしでは，この本は生まれていない。

　また，中学以降，英語のご指導をいただいた先生方をはじめ，その他，いろいろな方面で支えてくれた父母や家族，友人などに小著を捧げたい。

参考文献

【書籍】
梅田　修（2009）『ヨーロッパ人名語源事典』大修館書店.
榎本和以智（2006）『日本人には分からないスペインの生活』南雲堂フェニックス.
大西英文（2006）『はじめてのラテン語』講談社.
小沢康甫（2009）『暮らしの中の左右学』東京堂出版.
小林　標（2006）『ラテン語の世界』中央公論社.
塩野七生（1992）『ローマ人の物語』（1〜15），新潮社.
塩野七生（2007）『愛の年代記』新潮社.
城生伯太郎（1992）『音声学』バンダイ・ミュージックエンタテインメント.
新日本聖書刊行会（翻訳）（2010）『新約聖書英和対照』いのちのことば社.
ドナ・W・クロス，阪田由美子（訳）（2005）『女教皇ヨハンナ』（上・下），草思社.
21世紀研究会（編）（2006）『人名の世界地図』文藝春秋.
バートン版，大場正史（訳）（2004）『千夜一夜物語』（1〜11），筑摩書房.
フィリップ・グッデン，田口孝夫（訳）（2012）『物語英語の歴史』悠書館.
フェルディナン・ド・ソシュール，小林英夫（訳）（2010）『一般言語学講義』岩波書店.
ホメロス，松平千秋（訳）（2011）『オデュッセイア』（上・下），岩波書店.
前嶋信次（訳）（2009）『アラビアン・ナイト別巻』東洋文庫443，平凡社.
村山　斉（2011）『宇宙は本当に一つか』講談社.
山内進（編）（2007）『「正しい戦争」という思想』勁草書房.

和辻哲夫（2009）『風土』岩波書店.

【辞典】

池上岑夫・金七紀男・高橋都彦・富野幹雄・武田千香（共編）（2005）『現代ポルトガル語辞典』白水社.

池田廉（編者代表）（1990）『小学館伊和中辞典』小学館.

國廣哲彌・堀内克明（編）（1999）『プログレッシブ英語逆引き辞典』小学館.

桑名一博（編集代表）（2004）『小学館西和中辞典』小学館.

小稲義男・山川喜久男・竹林滋・吉川道夫（編）（1985）『新英和中辞典』研究社.

在間進（編集責任）（2010）『アクセス独和辞典』三修社.

寺澤芳雄（編集主幹）（2010）『英語語源辞典』研究社.

水谷智洋（編）（2011）『羅和辞典』研究社.

宮原信（監修）（2004）『ディコ仏和辞典』白水社.

秦　隆昌（1999）『ロマンス諸語対照スペイン語語源小辞典素案』信山社出版.

Roberto Faure, María Asunción Bibes, Antonio García (2009) *Diccionario de Apellidos Españoles*, Editorial Espasa Calpe, S. A.

索　引

1. 日本語は五十音順に並べ，英語はアルファベット順で最後に一括してある。
2. 数字はページ数字を示す。

[あ行]

アースジェット　156
アーノルド・シュワルツェネッガー　157
東八郎　14
イラスト　155
イルミネーション　156
祝十郎　15
インヘルノ　141
エイトマン　14
オイチョ株　9
お手洗い　74

[か行]

貸方　84
借方　49
行列(式)　162
金次郎　143
金太郎　143
九郎　14
月光仮面　15
検疫　20
コラボ　75
五郎　9, 13
コンテナ　54
コンテンツ　54
コンビニ　41
コンペ　90
コンポ　59

[さ行]

歳入　41
サスペンダー　86
ジェームス・ブラウン　59
ジェンナー　130
死刑　119
地獄　81, 141, 142
侍従　154
島流し　152
ジャック・スパロー　44
17歳　17
17歳のこの胸に　17
十郎　15
白いブランコ　94
スーパーバイザー　71
星座　137
セブンティーン　17
千里眼　104

[た行]

大使　115
ダイヤル　138

タウリン 130
虫垂炎 86
通貨 83
月 135, 136, 139
手 52, 65, 77, 119, 121
天国 95, 142
天使 95
天使のハンマー 6
天体 95, 135
テント 88
同窓生 164
独裁者 66
トリニダード・トバゴ 6

[な行]

生ごみ処理機 59
南京豆売り 79

[は行]

ハイジ 104
パイレーツ・オブ・カリビアン 44
八郎 9, 14
白金 144
伴天連（バテレン） 158
パプア・ニューギニア 45, 128, 131
ハライソ 141
ハリー・ポッター 98
ひかり 154
ひかる 154
ファイヤーフォックス 99
平八郎 14
ペテロ 147

母体 162

[ま行]

マイ・フェア・レディー 78
光子 154
ムカデ（百足） 22
メッキ 144
メロンの気持ち 125
モーツァルト 36
ももひき 151

[や行]

夜間外出禁止令 128
ヨハンナ 160

[ら行・わ行]

ラ・プラタ川 145
ラモス 39
ランガーハンズ 152
ランゲルハンス島 150
るみ 156
霊魂再来(説) 134
ロボット 75
ワクチン 130

[英語等]

acquire 62
admiral 72
admire 72
Advent 41
adventure 42
aeronautical 149

Agua de beber 43
al dente 123
alter 113
altercate 113
alternate 113
alternative 114
altitude 102
alto 101, 102
alumni 164
Amadeus 36
Amarillo 96
ambassador 115
ambiguous 114
ambivalent 114
amiable 34
amigo 35
Anema e core 126
anniversary 139
Anno Domini 139
annual 139
appendicitis 86
appendix 86
apprehend 90
aqualung 129
aquamarine 129
aquarium 129
Aquarius 129
argent 144
Argentina 144
astronaut 150
attend 88
aurum 142
avenue 40
azure 94
Baja California 102, 112
ball 92

ballet 91
ballroom 92
Benedict 67, 97
beneficent 99
benefit 97
benevolent 97, 99
benign 97, 99
Benigno 97
beverage 43
billion 24
binocular 122
blank 94
bonanza 97
bonbon 96
bonfire 96
bonito 96, 97
bonus 96
bracelet 124
Buena Vista 69
Buenas Tardes 110
cabbage 119
café au lait 134
caffè latte 134
calory 112
cama 152-154
camera 153
capable 48
capacity 48
capital 119
cardiac 125
carnal 133
carnation 133
carnival 133
Casablanca 31
celestial 95, 126
cent 22

centenary 22
centigrade 22
centipede 22
century 22
cerebral 124
chamber 153
Chamberlain 154
Chick Corea 103
Chico Hamilton 103
cielo 95
Claire 104
clairvoyance 104
Clara 104
Clare 104
clarify 64, 104
clarinet 104
clarion 104
collaboration 75
Collateral Damage 157
Commencement day 82
competition 90
component 59
compose 58
comprehend 91
con 58, 75, 90, 91, 137, 157
conquer 61
conquest 61
constellation 137
contain 54
content 54
contradict 68
convenience 41
convoy 39
Corazón de Melón 125
Cordially Yours 125
core 125

corp 118
corps 118
corpse 118
Corpus Christi 118
Côte d'Azur 94
courage 125
cours 83
course 83
credit 84
Creedence Clearwater Revival 85
crescendo 32
Crescent 32
croissant 32
crude 105
cruel 105
Cuore 126
curfew 128
currency 83
current 83
curriculum vitae 83
dandelion 123
debt 50
decade 14
dentist 123
depend 86
describe 77
detain 53
deuce 5
dial 138
diary 138
dictation 66
dictator 66
dictionary 67
Diga 68
disembarkation card 148

disgust 37
disposition 59
diurnal 138
dormitory 65, 72
dormouse 73
dual 5
due 50
duel 5
duet 5
duodenum 19
E.T. 127
El Niño 164
el Río de la Plata 145
Embarcadero 148
embarkation 147
embrace 124
enemy 35
entertain 52
Estrellita 136
expedition 122
expo 58
extend 88
facilities 101
facsimile 65
fact 64, 65
factor 65
factory 65
faculty 101
Fe 145
fiction 64
flying saucer 107
focus 127, 128
frigid 112
Fuego 127
fuel 128
function 99

furnace 111, 128
gusto 36, 37
halt 101
Hans 151
Heart and Soul 126
Henry Wadsworth Longfellow 151
hibernation 141
Hibernia 141
homo sapiens 44
illuminate 156
illustration 155
impose 50, 58
incarnation 134
incredible 84
inferno 141
inquire 62
inquiry 62
inquisition 62
insular 150
insulin 151
intend 88
intensive 88
intervention 41
invade 40
Invincible Fleet 80
invisible man 69
Ireland 141
Isla de Pascua 7
Isle of Capri 150
islets of Langerhans 150
isolate 152
Juana 160
la bamba 92
labor 75
laboratory 65, 75

Langerhans 150, 151
lapis lazuli 94
lateral 157
laundry 74
lavatory 65, 74
lecture 76
legend 76
lesson 76
lettuce 135
Longfellow 151
longjohns 151
Longman 151
Lord Voldemort 98
lucid 154
Lucifer 155
Lucille 154
Lucy 154
luminary 155
luminous 155
lunatic 136
lux 154
maintain 52, 53, 119
malady 98
malaria 98
malediction 67
malevolent 99
malfunction 99
malice 99
mammography 162
manage 120
maneuver 120
manicure 120
manifest 120
manifesto 120
manipulate 120
manner 119

manual 119
manufacture 65, 119
manuscript 77, 119
Marcus Aurelius 143
Marine Corps 118
maternity 161
matriculation 162
matrimony 161
matrix 162
menstrual 139
mile 23, 149
million 24
Milton Nascimento 27
mineral 142
monocular 123
mortal 33
mortgage 33
naive 27
natal 28
Natalie 28
natality 28
nation 28
native 28
nature 28
nautical mile 149
Nautilus 149
navigate 148
navy 148
nocturnal 138
nocturne 138
obscure 105
obtain 54
Octavianus 9
Octavio Paz 14
Octavius 9, 14
octopus 9

ocular 122
oculist 122
odious 38
odium 38
odontology 123
Odysseus 38
omnipotent 47
opponent 57
oppose 57
opposite 57
opposition party 57
optimism 98
Orel Hershiser 143
out of sight 59
oval 132
ovary 132
padre 158-160
page one 3
papa 158-160
papal 160
paternal 158
patriarch 159, 161
Patricia 159
Patrick 159
patriot 158
patron 159, 161
Peace Corps 118
Ped Xing 121
pedal 121
pedestrian 121
pedigree 121
Pedro 147
pendant 85
pending 86
pendulum 86
penisula 152

Perdido 81
Pérez 147
pessimism 100
Peter 147
Peterson 147
petition 89
petrol 146
petroleum 146
Pie 121
Pierre 147
Pietro 147
plating 144
platinum 144
Pope Joan 160
position 60
possible 46
post 55, 60, 77
postpone 55
postscript 77
potent 47
potential 47
poultry 131
powder 156
power 46
predict 66
premier 11
preposition 60
prescription 77
pretend 88
prevent 41
preview 70
primary education 11
prime minister 11
prime time 11
primero 11, 20, 140
prison 91

propose 56
proposition 56
pulverizer 156
purpose 57
qualification 165
quality 164
quantity 165
quarantine 20
quarter 6, 12
quartet 6
quaser 166
Quattrocchi 6
quest 61
question 61
quintessence 13
quintet 8, 13
Quintus 13
refrigerator 112
reincarnation 134
Renaissance 27
repeat 89
repose 57
request 61
require 61
retain 53
retard 111
retention 53
revenue 41
review 70
revise 70
revival 31
robot 75
salad 106
salami 108
salary 106
salsa 107

sauce 106
saucer 107
sausage 108
savory 45
savvy 44
semester 8, 139
sextet 8
solar system 135
spouse 158
Stella by Starlight 137
supervise 71
suppose 56
survey 70
survival 31
suspend 86
suspense 87
suspension 87
sustain 53
Suzi Quatro 6
tardy 110, 111
taurine 130
taurus 129
television 69, 112
tempo 137
Tempus fugit 137
tend 87
tennis 55
tense 89
tension 89
tent 88
terra 126
terrace 126
terracotta 126
terrestrial 126
territory 127
tertiary education 12

Tony Bennett 67
Towering Inferno 141
treaty of peace and amity 35
trident 6
trillion 24
trilogy 5
Trini López 6
Trinidad y Tobago 6
Trinity 6
trio 5
UFO 107
Ulysses 38
uniform 4
union 4
unique 3
unit 4
unite 3
universe 4
university 4
Vaca 130
vaccine 130
valor 114
vamos 39
velocity 110
vending machine 78
vendor 79
vent 127

ventilation 127
venture 42
venue 40
verdict 66
verdure 95
Verdy 95
verify 162
very 162
vicinity 109
Victor 80
Victoria 80
victory 80
video 69
view 70
vinegar 108
visa 69, 71
visible 69
vision 69
visit 69
visual 69
vital 30
vitality 30
vitamin 30
viva 30
Vivaldi 31
vivid 30
volunteer 98

山中　和樹　（やまなか　かずき）

　1950年，岡山県生まれ。1973年，一橋大学商学部卒業。1977年，岡山大学大学院文学研究科（英語・英文学専攻）修了。1979年から1993年まで国際協力事業団（現・国際協力機構）や日本国文部省より，コスタリカ，パプア・ニューギニア，シンガポール，ペルーおよびメキシコに派遣。主に日本語教育に従事。

　1994年から2003年まで，新潟産業大学人文学部講師，助教授，教授。日本語教育担当。2003年より福井大学留学生センター教授。日本語教育および多文化コミュニケーション担当。

スペイン語とともに考える
英語のラテン語彙の世界

<開拓社 言語・文化選書 36>

2013年3月21日　第1版第1刷発行

著作者	山中和樹
発行者	武村哲司
印刷所	東京電化株式会社／日本フィニッシュ株式会社

発行所	株式会社　開拓社	〒113-0023　東京都文京区向丘1-5-2 電話　（03）5842-8900（代表） 振替　00160-8-39587 http://www.kaitakusha.co.jp

© 2013 Kazuki Yamanaka　　　　　　　　　　　ISBN978-4-7589-2536-5　C1380

JCOPY ＜（社）出版者著作権管理機構　委託出版物＞
本書の無断複写は著作権法上での例外を除き禁じられています。複写される場合は，そのつど事前に，（社）出版者著作権管理機構（電話 03-3513-6969, FAX 03-3513-6979, e-mail: info@jcopy.or.jp）の許諾を得てください。